Wandern auf Ostkreta

Rolf Goetz

DUMONT aktiv

Inhalt

Zentralkreta und die Südküste

Lassíthi-Plateau mit Díkti-Gebirge

Rund um den Golf von Mirambéllou

Kretas ferner Osten

Bitte schreiben Sie uns, wenn sich etwas geändert hat!
Alle in diesem Buch enthaltenen Angaben wurden vom Autor nach bestem Wissen erstellt und von ihm und dem Verlag mit größtmöglicher Sorgfalt überprüft. Gleichwohl sind – wie wir im Sinne des Produkthaftungsrechts betonen müssen – inhaltliche Fehler nicht vollständig auszuschließen. Daher erfolgen die Angaben ohne jegliche Verpflichtung oder Garantie des Verlages oder des Autors. Beide übernehmen keinerlei Verantwortung und Haftung für etwaige inhaltliche Unstimmigkeiten. Wir bitten dafür um Verständnis und werden Korrekturhinweise gerne aufgreifen:

DuMont Reiseverlag, Postfach 10 10 45, 50450 Köln
E-Mail: info@dumontreise.de

Wandern auf Ostkreta

Wandersaison

Die schönsten Monate sind April bis Juni, wenn es nicht zu heiß ist und die mediterrane Flora in voller Blüte steht. Im Sommer klettert das Thermometer auf mitunter über 40°C: Dann ist es selbst an der Küste zu heiß zum Wandern. Doch es gibt Ausweichmöglichkeiten: Die Zweitausender im Zentralmassiv und dem Díkti-Gebirge sind dann schneefrei und geben eine herrliche Sommerfrische ab. Für den Aufstieg sollte man allerdings die frühen Morgenstunden nutzen. Sehr gute Wanderbedingungen bietet wieder der Herbst ab September. Bis in den November hinein kann es recht warm sein, selbst das Wasser hat dann noch angenehme 20°C. Im Winter hält die Natur auf Kreta ihren verdienten Winterschlaf, das Hochgebirge versinkt dann meist unter einer meterdicken Schneedecke. Dann kann man aber durchaus noch an den Küsten und in mittleren Höhenlagen wandern.

Anspruch

In der Rubrik ›Die Wanderung in Kürze‹ wird jeweils darauf hingewiesen, ob es sich bei der Wanderung um eine einfache (+), eine mittelschwere (++) oder eine anspruchsvolle (+++) Tour handelt.

Gehzeiten

Alle in diesem Wanderführer angeführten Zeiten verstehen sich als reine Gehzeiten. Rechnen Sie bei der Planung einer Tour für Pausen und Fotostopps noch etwa ein Viertel der Zeit hinzu. Auch unvorhergesehene Ereignisse, z. B. ein Badestopp oder ein Wetterumschwung, können die Wanderzeit erheblich verlängern.

Wege und Markierungen

Ein einheitliches Markierungssystem gibt es auf Kreta nicht. Zudem kommen und gehen Markierungen auf der Insel erfahrungsgemäß schnell. So sind beispielsweise die hübschen E 4-Schildchen am Europäischen Fernwanderweg eine beliebte Zielscheibe von Freizeitjägern, und auf den Fels gemalte Farbzeichen bleichen unter mediterraner Sonne schnell wieder aus. Von daher werden bei den Wanderrouten alle wesentlichen Verzweigungen erwähnt.

Ausrüstung

Feste, eingelaufene Wanderstiefel sind für die teils überaus steinigen und verkarsteten Wege Ostkretas ein Muss. Bei Hochgebirgstouren mit langen Auf- und Abstiegen empfehlen sich Teleskopstöcke. Unverzichtbar ist ein wirksamer Sonnenschutz, im Frühjahr und Herbst gehören auch eine Regen- oder Windjacke in den Tagesrucksack. Für die mitunter langen Wanderungen sollten Sie reichlich Trinkwasser und etwas Proviant mitnehmen, da unterwegs vielfach keine Einkehrmöglichkeit besteht.

Karten

Für Kreta gibt es kein gutes Kartenmaterial. Trotz etlicher Ungenauigkeiten und für eine Wanderkarte im Maßstab eigentlich zu klein sind die Kreta-Karten aus dem Harms Verlag noch die beste Wahl. Es gibt sie in zwei Blättern im Maßstab 1:100 000 (1 Westen: Tour 1–7; 2 Osten: Tour 8 –35). Der Verlauf des Europäischen Fernwanderwegs E 4 ist komplett eingezeichnet. Auf exakt dem gleichen Datenmaterial wie die Harms-Karten basiert die Wanderkarte »Kreta« aus dem Verlag freytag & berndt. Sie enthält im Maßstab 1:50 000 Ausschnitte der Wanderregionen Lassíthi-Plateau, Psiloritis-Massiv, Asteroúsia-, Ornó- und Thrípti-Berge.

Mit Bus und Auto

Die meisten Ausgangspunkte der Wanderungen sind mit dem Bus erreichbar. Es ist jedoch sehr ratsam, sich die aktuellen Fahrpläne zu besorgen. Es gibt sie in den Busbahnhöfen in Iráklio und Ágios Nikólaos (im Internet: www.ktel.org). In einigen Orten empfiehlt es sich, eine Übernachtung einzuplanen, da Hin- und Rückfahrt oft nur wenige Stunden auseinander liegen.

Mietautos sind auf Kreta relativ preiswert. Einen guten Service bietet Holiday Autos, buchbar in jedem Reisebüro oder über Internet unter www.holidaysauto.com.

SYMBOLE IN DEN KARTEN

- Gasthaus
- Kirche
- Kapelle
- Archäologische Stätte
- Denkmal, Monument
- Mühle
- Wegkreuz, Gipfelkreuz
- Rastplatz
- Höhle
- Wasserfall
- Quelle
- Hervorragender Laubbaum
- Schiffsanlegestelle
- Sendemast

Die Lassíthi-Hochebene

Imposante Gebirgszüge mit tief eingekerbten Schluchten, große Karsthöhlen, wildromantische Steilküsten und nicht zuletzt feine Sandstrände und stille Badebuchten machen Kreta zu einem äußerst facettenreichen Naturraum. Prägend für die Insellandschaft sind auch die in die Bergwelt eingebetteten Hochebenen. Das Lassíthi-Plateau ist die größte dieser Hochebenen und zugleich die einzige, die über das ganze Jahr hinweg bewohnt ist. Von der Nordküste aus erreicht man das gut 800 m hoch gelegene Plateau über zwei kurvige Pass-Straßen. Eine der beiden Eingangspforten ist der Ambélos-Pass, von dem sich ein eindrucksvoller Ausblick auf das 9 mal 5 km große Schwemmland bietet. Ein majestätischer Bergkranz rahmt schützend die Ebene ein. Seine höchsten Gipfel erheben sich mehr als 2000 m über den Meeresspiegel und sind fast die Hälfte des Jahres von Schnee bedeckt.

Im Frühjahr sammelt sich das Schmelzwasser der Berge in der Ebene. Mangels eines oberirdischen Abflusses kam es früher in regelmäßigen Abständen zu Überschwemmungen, bis man schließlich im 17. Jh. ein Drainagesystem anlegte, das die Ebene bis heute zumindest zum Teil entwässert. Doch im Frühjahr heißt es vielerorts noch immer Land unter. Das Wasser versickert nur langsam und sammelt sich wenige Meter unter der Erde. Bis noch vor wenigen Jahrzehnten pumpten die Bauern das kostbare Nass mit Windrädern auf die Felder. Tausende Mühlen, die mit weißem

Segeltuch bespannt waren, drehten sich einst im Wind. Heute haben diese Aufgabe weitgehend knatternde Dieselpumpen übernommen. Viel von dem einzigartigen Flair der Hochebene ging dadurch verloren. Ökologisch gesehen mögen die Motorpumpen ein Rückschritt sein, die Bauern möchten sie jedoch nicht mehr missen, sind sie damit doch nicht mehr vom Wind abhängig.

Alle 21 Dörfer liegen am Rand der Ebene, damit möglichst jeder Flecken der fruchtbaren Ackerkrume bestellt werden kann. Auf den im Schachbrettmuster angelegten Feldern gedeihen Weizen, Kartoffeln und etliche Gemüsesorten, die Feldwege säumen Walnuss-, Apfel- und Pfirsichbäume und kleine Weingärten – alles in allem eine sorgfältig gehegte Kulturlandschaft, deren Reiz man sich nur schwerlich entziehen kann und die die Ebene zu einem äußerst lohnenden Ausflugs- und Wandergebiet macht.

Nicht immer konnten die Menschen auf Lassíthi ungehindert ihrer Arbeit nachgehen. Seit dem mysteriösen Untergang der minoischen Kultur (um 1430 v. Chr.) bis zum Anschluss an Griechenland gegen Ende des 19. Jh. wurde Kreta so gut wie durchgängig von fremden Mächten kontrolliert. Während der über 350 Jahre andauernden Zeitspanne venezianischer Besatzung kam es wiederholt zu Aufständen der freiheitsliebenden Kreter. Lassíthi spielte dabei eine große Rolle als Rückzugsgebiet der Partisanen, die von dort den Widerstand gegen die verhasste Fremdherrschaft organisierten. Als Antwort erließen die Venezianer 1263 ein totales Nutzungsverbot für die Hochfläche. Die Menschen wanderten in die Küstenregionen ab, die Dörfer auf Lassíthi verwaisten. Erst eine drohende Hungerkatastrophe bewegte die Venezianer zum Einlenken, und ab dem Ende des 15. Jh. durfte das fruchtbare Ackerland wieder unter Kultur genommen werden – nicht uneigennützig wohlgemerkt: Die Kreter hatten ein Drittel ihrer Ernteerträge an die Besatzer abzuführen.

Mit dem Tourismus ist das Lassíthi-Plateau zu einem viel besuchten Ziel von Tagesgästen avanciert. In Dörfern wie Tzermiádo und Ágios Konstantínos reiht sich ein Handarbeitsgeschäft an das andere. In den Sommermonaten konzentriert sich der Rummel vor allem um die Zeushöhle in Psichró. Erst abends, wenn die Ausflügler in die Ferienstädte am Meer zurückfahren, kehrt auf der Hochebene wieder eine beschauliche Ruhe ein.

Für Wanderfreunde bietet sich das Plateau als ein guter Standort an. Die touristische Infrastruktur ist zwar kaum entwickelt, doch halten etliche Pensionen und kleine Hotels einfache Zimmer bereit. Lohnende Routen sind Gipfelziele wie der Díkti, der Aféndis Christós und die Seléna, dazu laden alte Passübergänge oder einfach nur ein Feldspaziergang durch die kleinteilige Gartenlandschaft zu Wanderungen ein. Dabei steht auch so manches Windrad am Weg. Dass es sich dabei in erster Linie um die Pflege des ehemaligen Wahrzeichens der Insel bzw. Griechenlands handelt, spielt keine Rolle – Hauptsache die weißen Mühlen drehen sich wieder im Wind.

Was blüht denn da?

Der erste Eindruck von Kretas Bergwelt mag enttäuschen. Fährt man von der mit Ölbäumen und Zitrusplantagen besetzten Küstenebene inseleinwärts, zeigen sich die Hänge schroff und verkarstet. Nur ein schütteres Vegetationskleid überzieht die kargen Gebirgsstöcke. Dies war nicht immer so. In der Antike bedeckten dichte mediterrane Bergwälder aus Eichen, Ahorn, Platanen und Zypressen die Insel. Der fortwährende Eingriff des Menschen jedoch veränderte seither das Landschaftsbild Kretas grundlegend. Der Wald wurde für Acker- und Weideland gerodet, Bauholz für den Schiffsbau in den ganzen östlichen Mittelmeerraum exportiert. Auch der enorme Bedarf an Holzkohle für die Metallverarbeitung verschlang einen nicht unbeträchtlichen Teil der kretischen Wälder. Heute sind nur noch etwa 5 % der Inselfläche bewaldet. Größere Bestände von Kermeseichen und Kiefern finden sich noch in Schluchten und an den steil abfallenden Südhängen der Gebirgsstöcke.

Auf den einstigen Waldflächen siedelte sich eine für den ganzen Mittelmeerraum typische Macchie an. Sie besteht aus immergrünen Hartlaubgewächsen, die ein 4 bis 6 m hohes mitunter undurchdringliches Buschwerk bilden. Charakteristisch für die Macchie sind Baumheide, Myrte, der Erdbeerbaum, die Terpentin-Pistazie und der Wacholder. Macchien sind auf Kreta vornehmlich im feuchteren Westteil der Insel anzutreffen.

Im trockeneren Osten dominiert dagegen Phrygana, die sich mit Felsenheide oder Kleinstrauchflur übersetzen lässt. Es handelt sich um selten über Kniehöhe wachsende vornehmlich stachlige Zwergsträucher, die großflächig den Küstensaum und die Gebirgshänge überziehen. Die Dornen bremsen den Wind ab, sodass die tiefer liegenden Blätter und Blüten besser vor Verdunstung geschützt sind. Viele Arten bilden halbkugelige Igelpolster aus. Dornen und stark duftende ätherische Öle schützen gleichzeitig vor Ziegenverbiss. Auf dem verkarsteten Kalkgestein im ostkretischen Hochland kann sich so eine überraschend artenreiche Flora entfalten. Vorherrschend sind Thymiansträucher, die Dornbusch-Wolfsmilch, die Dornige Bibernelle und der Stechginster. Im Schutz der stachligen Kugelbüsche finden zahlreiche Wildblumen einen Lebensraum, darunter Preziosen wie die Traubenhyazinthe, die Kretische Felstulpe, die Schwertlilie sowie etwa 70 verschiedene Orchideenarten.

Insgesamt kommen auf Kreta etwa 1800 Wildpflanzen vor. Rund 10 % hiervon sind so genannte Endemiten, die nur auf Kreta und sonst nirgendwo auf der Welt wachsen. Den Grund für das ausgeprägte Endemitentum sehen Botaniker in der seit 6 Mio. Jahren vom Festland getrennten Insellage, in der sich nicht nur alte Pflanzenrelikte, sondern auch neue Unterarten entwickeln konnten. Refugien der meisten dieser Pflanzen sind vor allem schwer zugängliche Felsschluchten und die subalpinen Gebirgsstöcke. Auffälligster Endemit ist das Kretische Ebenholz, das im Mai das ostkretische Hügelland mit einer rosa Blütenpracht überzieht. Die dicht behaarten kerzenförmigen Blütenstände nutzte man früher als Füllmaterial für Kissen. Eher selten und teilweise vom Aussterben bedroht sind das Kretische Alpenveilchen, die Osterluzei und das Joúchtas-Johanniskraut.

Die beste Zeit für botanische Exkursionen ist naturgemäß der Frühling. Von Mitte April bis Mitte Mai ertrinken die Küstenzonen und Tiefebenen geradezu in einem Blumenmeer. Wilde Chrysanthemen, leuchtender Klatschmohn, rosa und weiß blühende Zistrosen und feuerrote Ranunkeln vereinen sich zu einem erhabenen Fest für die Sinne. Besonders ungestüm wuchert aus Südafrika eingeschleppter Sauerklee, der als Unterwuchs die Oliven- und Zitrushaine mit einem gelb blühenden Teppich überzieht.

Der Juni ist die große Zeit für den Oleander, der entlang von Bachläufen und in Schluchten seine roten Blüten in den Himmel streckt. Mit fortschreitendem Jahreslauf beginnt sich in Meeresnähe die Natur sichtlich braun zu färben. Akzente setzt dann lediglich die Meerzwiebel, die inmitten der hochsommerlichen Hitze ihre silbrigen Blütenstände austreibt. In mittleren Lagen verwandelt der Kopfige Thymian die Igelpolsterfluren in einen rosa duftenden Kräutergarten. Im Hochgebirge strecken die Krokusse ihre Blütenköpfchen heraus. Und im Spätherbst, wenn die ersten Winterregen das Land von der sommerlichen Dürre aufatmen lassen, zeigen sich am Golf von Mirambéllou bereits wieder die ersten Narzissen.

Der Baum des Lebens

Ölbäume muss man auf Kreta nicht lange suchen. Dem Wanderer sind sie von den Küstenebenen bis ins Hügelland hinauf ein ständiger Begleiter. Silbrig glänzen die lanzettförmigen Blätter in der Sonne, von grün über violett bis schwarz hängen je nach Reifestadium die Früchte an den Zweigen. Wie viel Olivenbäume es auf Kreta gibt, vermag niemand exakt zu sagen; Schätzungen sprechen von etwa 25 Millionen.

Fast die Hälfte der landwirtschaftlichen Nutzfläche ist mit Olivenhainen besetzt. Der Ölbaum ist damit die kretische Kulturpflanze schlechthin, und dies schon seit es Kultur auf Kreta gibt. Bereits vor 4 000 Jahren trieben die Minoer mit dem kostbaren Öl einen schwunghaften Handel und exportierten es bis nach Ägypten und Palästina. In der Antike salbte man mit Olivenöl den Körper, nutzte es als Medizin und als Brennstoff für Lampen, und natürlich schätzte man es als Speiseöl. Wie bedeutend das »flüssige Gold« bei den Minoern war, zeigt auch die Tatsache, dass man Steuern in Form von Olivenöl erhob.

Der Ölbaum ist ein wahrer Überlebenskünstler. Äußerst genügsam kann er ohne künstliche Bewässerung den heißen kretischen Sommer problemlos durchstehen. Ein teilweise bereits abgestorbener Stamm schlägt immer wieder aufs Neue aus. Nur auf Frost reagiert der Baum empfindlich, was erklärt, warum die Olivenhaine auf der Insel lediglich in Höhenlagen bis auf maximal 700 m anzutreffen sind. Bis ein junger Baum die ersten Früchte trägt, braucht es fast zehn Jahre. Und erst im zweiten oder dritten Lebensjahrzehnt können lohnende Erträge erwartet werden. Dann aber über Hunderte von Jahren hinweg! Das Geschäft mit den Oliven wird sozusagen von einer Generation an die nächste übergeben. So manch knorriger Methusalem hat an die 1 000 Jahre auf dem Buckel und steht nicht selten inmitten längst ausgestorbener Dörfer.

Sobald im November die letzten Feriengäste die Insel verlassen, beginnt die Ernte. Bis in den März hinein haben die Ölbauern dann alle Hände voll zu tun. Traditionell wird die Ölfrucht von Hand gepflückt oder mit Stangen von den Zweigen abgeklopft und in unter dem Baum ausgelegten Netzen aufgefangen. Auf den großen Plantagen werden zunehmend moderne Erntemaschinen eingesetzt. Ein Greifarm schüttelt die Früchte vom Baum, ein großer Schirm fängt sie auf. Pro Baum fallen etwa 50–70 kg Früchte an, 3–4 kg benötigt man, um einen Liter Öl zu gewinnen. Damit die Früchte nicht oxidieren, müssen sie spätestens 24 Stunden nach der Ernte verarbeitet werden.

In der Europäischen Union ist die Herstellung von Olivenöl durch eine Richtlinie geregelt, nach der gewonnenes Öl in verschiedene Güteklassen eingeteilt wird. Olivenöl bester Qualität, sog. »extra virgin« (dt. »natives Olivenöl extra«), darf nicht – wie bei anderen Pflanzenölen üblich – mit chemischen Lösungsmitteln extrahiert, sondern ausschließlich mit mechanischen Verfahren gewonnen werden. Die Oliven werden dazu grob zermahlen und gepresst, eine Zentrifuge trennt anschließend das Öl vom Fruchtwasser. Als weiterer Arbeitsgang ist vor dem Abfüllen nur noch das Ausfiltern von Trübstoffen erlaubt.

Wie Wein nach verschiedenen Anbaugebieten und Lagen ganz unterschiedlich ausfällt, so hat auch jedes Olivenöl seinen ganz eigenen Charakter. Je nach Reifegrad der Oliven variiert die Farbe von schwach gelb bis zu einem satten olivgrün. Bis heute gilt kretisches Olivenöl als eines der besten der Welt, für viele Ölkenner ist es gar das Nonplusultra. Seinen herausragenden Ruf verdankt es dem extrem niedrigen Säuregehalt, der für das milde Aroma verantwortlich ist. Das mildeste Aroma bringen kurz vor der Vollreife geerntete Ölfrüchte, möglichst von Hand gepflückt, sodass die Oliven wenig Druckstellen aufweisen. Die besten kretischen Öle werden in der Gegend um Sitía gewonnen. Sie zeichnen sich durch ein fruchtiges Aroma und einen Säuregehalt von unter 0,3 % aus. Einer der renommiertesten Anbauer in Ostkreta ist das Kloster Tóplou, dessen ausgedehnte Ländereien auch den Palmenwald von Vaï umfassen. Ein Extra-Plus für die Qualität: Bereits seit Jahren bewirtschaften die Klosterbrüder ihre Olivenhaine biologisch, also ohne den Einsatz von Kunstdünger und Pestiziden.

Die Kreta-Diät

Diäten kommen und gehen. Sie sollen helfen, überflüssige Pfunde loszuwerden oder irgendwelche Beschwerden bis hin zu ernsthaften Erkrankungen zu kurieren. Seit der bekannte Münchner Feinschmeckerkoch Eckart Witzigmann in Zusammenarbeit mit Dr. med. Peter Schleicher einen Rezeptband unter dem Titel »Die sensationelle Kreta-Diät« vorlegte, ist die mediterrane Kost auch bei uns im wahrsten Sinne des Wortes in aller Munde. Doch die Kreta-Diät ist keine Schlankheitskur oder Krankenkost. Ganz im Gegensatz zu allen Ernährungsplänen, die auf einen geringen Fettgehalt der Speisen setzen, erweist sich die Kreta-Diät sogar als recht fettreich. Und trotzdem gilt sie als gesund. Mit der so genannten Sieben-Länder-Studie lässt sich dies wissenschaftlich belegen. Diese stützt sich auf eine in den 1950er Jahren begonnene Untersuchung an 12 000 Männern aus den USA, Japan, Italien, Griechenland, Holland, Finnland und dem ehemaligen Jugoslawien. Das Hauptaugenmerk der Studie richtete sich auf den Zusammenhang zwischen Herzerkrankungen und dem Fettverzehr in den jeweiligen Ländern. Nach einer Beobachtungsdauer von 25 Jahren stellten die Forscher erstaunt fest, dass trotz des relativ hohen Fettverzehrs die Menschen auf Kreta im Schnitt 30 % weniger an Herzleiden erkranken als in den anderen untersuchten Ländern.

Folgestudien kamen zu ähnlichen Ergebnissen und bestätigten, dass typische Zivilisationskrankheiten wie Herzinfarkt, Schlaganfall und auch bestimmte Krebsarten bei den Kretern recht selten sind. Sie leben nicht nur gesünder, sondern auch länger. Nirgendwo in Europa ist die Dichte alter Menschen so hoch wie auf Kreta.

Den Grund dafür machten die Wissenschaftler in jener bodenständigen Ernährungsweise der Kreter aus, die auf der Insel noch in den 60er Jahren üblich war. Ganz wichtig: Die Kreter nahmen damals erheblich weniger gesättigte Fettsäuren aus Fleisch und Wurstwaren auf, dafür aßen sie deutlich mehr einfach ungesättigte Fettsäuren in Form von Olivenöl. Je mehr von diesen wünschenswerten Fettsäuren aufgenommen wurde, desto geringer war das Risiko, an koronaren Herzleiden zu erkranken. Außerdem aß man auf Kreta bis zu drei Mal so viel frisches Obst und Gemüse wie in den Vergleichsländern, dazu reichlich Hülsenfrüchte wie Linsen, Kichererbsen und dicke Bohnen. Die überwiegend pflanzliche Kost wurde durch moderate Mengen an Fisch und Meeresfrüchte ergänzt, gelegentlich gab es etwas mageres Fleisch, bevorzugt Geflügel. Dagegen standen Fertigprodukte, Snacks und Süßigkeiten kaum auf dem Speiseplan.

Wohlgemerkt spiegelt die beschriebene Kost die traditionelle Ernährung wider, wie sie noch vor 40 bis 50 Jahren auf Kreta üblich war. Bedauerlicherweise hat sich seither die Esskultur auf der Insel gewandelt. Besonders in den Städten und natürlich in den großen Ferienorten an der Küste hat eine Allerweltsküche mit Steaks, Chips und Pizza Einzug gehalten. Der Verzehr von Olivenöl ist zwar immer noch überdurchschnittlich hoch, daneben werden jedoch zunehmend andere, meist billige raffinierte Pflanzenöle zum Kochen benutzt.

Wenn man sich also für die Kreta-Diät interessiert, sollte man sich auf jene Essgewohnheiten zurückbesinnen, die vor der Eroberung des Fast Foods auf Kreta bestanden. Man muss nicht auf der Insel leben, um die Vorzüge dieser Kost genießen zu können. Die traditionelle Kreta-Diät lässt sich recht gut an unsere mitteleuropäischen Essgewohnheiten anpassen. Dazu werden lediglich ein paar Lebensmittel aus dem Speiseplan reduziert und dafür andere verstärkt aufgenommen. Auf eine einfache Formel gebracht: viel frisches Obst und Gemüse, Hülsenfrüchte und vor allem wertvolles kalt gepresstes Olivenöl, dazu Kartoffeln, Teigwaren, Fisch und geringe Mengen an Milchprodukten wie Joghurt und Feta. Typisch mediterrane Gemüsesorten sind Auberginen, Artischocken, Kürbis, Okraschoten und Zucchini, aber auch Rote Bete und Mangold werden viel gegessen. Kräuter wie Thymian, Oregano und Salbei runden die Speisen ab. Dafür spielen Fleisch, Wurstwaren, Fast Food und vorgefertigte Produkte eine untergeordnete Rolle. Eine so zusammengestellte Kost – kombiniert mit Elementen der Vollwert-Ernährung – wird von Ernährungswissenschaftlern verstärkt als Leitbild für eine gesundheitserhaltende Ernährung angesehen.

Der höchste Berg Kretas

2-Tages-Tour von Fourfourás auf den Psiloritis und zurück

Im Inselzentrum erhebt sich der Psiloritis 2456 m über dem Meer. Mehrere Aufstiegsrouten führen in die alpine Hochgebirgslandschaft hinauf. Die Westroute von Fourfourás kann in zwei Tagesetappen aufgeteilt werden.

DIE WANDERUNG IN KÜRZE

+++
Anspruch

11 Std.
Gehzeit

3970 m
An-/Abstieg

Charakter: Die anspruchsvolle Hochgebirgstour mit langen An- und Abstiegen setzt gute Kondition voraus und ist als 2-Tages-Tour angelegt. Sofern man jedoch bei Sonnenaufgang aufbricht, ist die Wanderung auch an einem Tag zu schaffen. Trotz der relativ guten Markierung ist ein gewisses Maß an Orientierungsvermögen erforderlich. Beste Zeit sind die Monate Juli bis Oktober, wenn der Berg weitgehend schneefrei ist.

Einkehrmöglichkeiten: Keine

Anfahrt: Mit dem Pkw: Von der Nordküste ab Réthimno, von der Südküste ab Agía Galíni oder Mátala bis Fourfourás. 150 m hinter dem Ortsausgang an der gelben Infotafel parken. **Mit dem Bus:** Linie Réthimno–Amári bis Fourfourás.

Unterkunft: Die Berghütte Stoumbotos Prínos wird von der Sektion Réthimno des Griechischen Bergsteigervereins E.O.S. bewartet; sie steht nur nach vorheriger Anmeldung offen (Tel. 28 31 02 27 10). Die Hütte verfügt über 50 Schlafplätze und ist beheizbar. In Fourfourás hält die Taverne Windy Place (Tel. 28 33 04 10 00) einfache Zimmer bereit. Sie liegt 900 m außerhalb an der Straße nach Réthimno.

1. Tag

Vom Ortskern in **Fourfourás** folgen wir der Straße in Richtung Kouroútes zum südlichen Dorfausgang. 150 m hinter dem Ortsendeschild erreichen wir eine gelbe Infotafel, die grob den Routenverlauf zum Psiloritis aufzeigt (Autofahrer können hier parken). An der Infotafel beginnt eine Schotterpiste, auf der wir nach 15 m rechts in einen gepflasterten, teils von Gras überwachsenen Weg einbiegen. Dieser läuft ein kurzes Stück parallel zur Straße und knickt nach 3 Min. zu einer kleinen Kapelle ab. Der Feldweg führt leicht ansteigend durch einen Olivenhain an den westlichen Ausläufern des Psiloritis-Massiv hoch.

An einer mit einem E 4-Schild markierten **Gabelung** wandern wir links direkt auf den Bergstock zu. Hinter einem Gatter lässt sich eine Schleife des Feldwegs abkürzen. Wir treffen auf einen Querweg, auf dem wir –

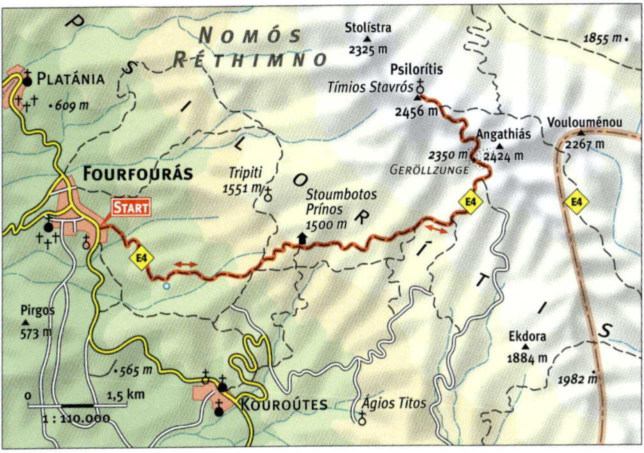

rechts gehend – nach wenigen Minuten einen gemauerten **Brunnen** mit Viehtränke erreichen (40 Min.). 20 m danach verlassen wir den Feldweg links in einen anfangs etwas unübersichtlichen Pfad, der die Böschung hochläuft. Es geht sogleich durch ein kleines Gatter. Der Olivengürtel liegt nun unter uns, eine typische Igelpolsterflur macht sich breit. Wir gehen auf Sicht von einer E 4-Stange zur anderen, die jeweils die Eckpunkte der langen Kehren des hangaufwärts ziehenden Pfades markieren. Bald bietet sich eine prächtige Aussicht auf das Kédros-Gebirge und die der Südküste vorgelagerten Inseln Paximádia (»Zwiebackinseln«).

Nach kräftigem Anstieg gelangen wir auf einen nach Süden abfallenden Höhenrücken. Hier gehen wir links auf dem Rücken weiter auf das Vorgebirge des Psilorítis zu. In dem markanten Felskranz vor uns erkennen wir einen Einschnitt, dort wird unsere Route hochziehen. Am Fuß eines Steilhangs nimmt uns ein lichter Eichenwald auf, über dem sich bizarre Felstürme erheben. An Baumstämme angebrachte E 4-Schilder leiten uns sehr steil den geröllligen Hang hinauf. Die Tour gewinnt eine alpine Note, vorbei an geschichteten Felsplatten wird im Zickzack eine Scharte durchstiegen. Nun etwas weniger steil weist kurz darauf ein Schild rechts zu einer 300 m entfernten **Quelle** (2 Std.). Wer möchte, kann diesen kleinen Abstecher gehen: Zwar ist die Quelle nur schwer auffindbar, doch dafür ergibt sich von dem Rastplatz vor einem verfallenen Bruchsteinhaus eine weite Schau hinab zur Südküste.

Zurück auf dem Hauptweg steigen wir weiter den Eichenwald hoch. Die Orientierung ist hier nicht immer einfach. Zwar sind die E 4-Zeichen in Abständen von 50 bis 100 m relativ dicht gesetzt, doch bedarf es mitunter Adleraugen, sie zu erspähen. Sobald der Wald ausdünnt, kann man den tief unten liegenden Hafen von Agía Galíni erblicken. Vor uns zeigen sich nun auch die sanft geschwungenen Kuppen von dem Psilorítis-Massiv.

Wir erreichen eine Hochfläche und stoßen dort auf eine breite **Forstpiste** (3 Std.). Wir folgen ihr etwa 40 m geradeaus und verlassen sie sodann nach links in einen Pfad. In dem unübersichtlichen Gelände gilt es, verstärkt auf E 4-Zeichen zu achten. Nach einem lichten Waldstück wird eine Piste gequert und wir erreichen von dort in wenigen Schritten die **Berghütte Stoumbotos Prínos**, die wir zur Übernachtung nutzen (3.15 Std.). (Sollte sich ab Erreichen der Hochfläche die Wegfindung als zu schwierig erweisen, kann man alternativ der Forstpiste geradeaus folgen, wobei man mehrere runde Hirtenhütten passiert. An einer Gabelung hält man sich zunächst links und fünf Minuten darauf rechts und gelangt so nach 30 Min. ebenfalls zur Berghütte.)

2. Tag

Gut ausgeruht beginnen wir am nächsten Morgen den Aufstieg zum Psilorítis. Von der Rückseite der Berghütte halten wir auf eine 20 m oberhalb gelegene mächtige **Kermeseiche** zu, links davon befindet sich eine mit Maschendrahtzaun eingefasste Zisterne. An der Eiche heißt es aufgepasst: Hinter dem Baum weist eine rote Markierung auf flachem Stein den Weg nach Kouroútes. Dies ist nicht unser Weg! Der Anstieg zum Psilorítis beginnt parallel hierzu ein paar Meter weiter links und läuft an der Zisterne vorbei. Den Kédros im Rücken zieht sich die zunächst gut auszumachende Trittspur am rechten Rand von einem v-förmigen Geländeeinschnitt hoch. Am oberen Rand des Einschnitts umlaufen wir eine mit dorniger Phrygana bewachsene kleine **Senke**, um dann an der nächsten E 4-Stange links einen steilen Hang aufzusteigen. Gelbschwarze Markierungen auf mehreren aufeinander folgenden Felsblöcken erleichtern die Orientierung.

Unterhalb einer felsigen Passage schwenkt der Steig nach Norden, wobei es eine leichte Kletterstelle zu überwinden gilt. Altschneefelder können sich hier bis in den Sommer hinein halten, daneben verkünden im Juni Krokusse den kretischen Bergfrühling.

Über eine schmale Geröllzunge hält der Weg zwischen dem abweisenden Hang des Angathiás im Osten und dem noch nicht einsehbaren Hauptgipfel des Psilorítis-Massiv im Westen auf eine **Einsattelung** zu

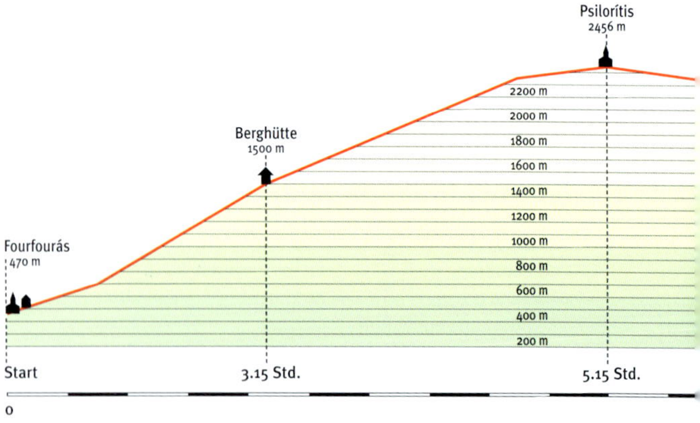

(5.15 Std.). Erst vom Sattel am Fuß des Angathiás können wir die Gipfelkapelle Timíos Stavrós auf dem Psilorítis sehen. Gleichzeitig bietet sich nun ein grandioser Blick zur Nordküste. Unser Pfad mündet auf die von der Nída-Hochebene kommende Route ein und nach einem letzten kurzen Anstieg stehen wir auf dem **Psilorítis,** dem höchsten Berggipfel Kretas (6.15 Std.). Der einfach geschichtete Steinbau der Kapelle wirkt fast archaisch, nur das kleine Kreuz auf dem Dach gibt einen Hinweis auf seine Bestimmung. Der Anbau daneben dient Hirten, Jägern und Wanderern gelegentlich als einfaches Nachtlager. Von der Steinbank an der Südseite der Kapelle genießen wir das fulminante Panorama auf den sanft geschwungenen Golf von Messará und das Libysche Meer, im Südosten setzt im Asteroúsia-Gebirge der Felskopf des Kofínas Akzente, nach Westen schauen wir auf die Weißen Berge, nach Osten auf das Díkti-Massiv.

Nach ausgiebiger Schau steigen wir auf demselben Weg wieder zur **Berghütte** (8.15 Std.) und von dort weiter nach **Fourfourás** ab (11 Std.).

Der Europäische Fernwanderweg E 4

Der E 4 ist einer der großen Weitwanderwege Europas. Er nimmt in den Pyrenäen seinen Anfang, quert den Balkan und setzt schließlich vom griechischen Festland auf Kreta über. Von Kastélli Kíssamos in Westkreta durchquert er die ganze Insel bis Káto Zákros im äußersten Osten. Dabei werden die reizvollsten Landschaften der Insel berührt: die Weißen Berge im Westen und die wilde Sfakión-Küste im Süden, das Zentralmassiv mit dem Psilorítis, das pittoreske Lassíthi-Plateau, die Díkti- und Thriptí-Berge sowie das Tal der Toten an der Ostküste. Die Strecke verläuft größtenteils auf Maultierwegen, Hirtenpfaden und Feldwegen, teils auch weglos durch offenes Gelände. Die Route ist mit der E 4-Nummer auf gelbem Viereck markiert, auf manchen Abschnitten erschweren fehlende Tafeln jedoch die Orientierung. Die gesamte West-Ost-Querung von insgesamt 250 km Länge ist je nach Marschgeschwindigkeit und Fitness in 15 bis 20 Tagesetappen machbar.

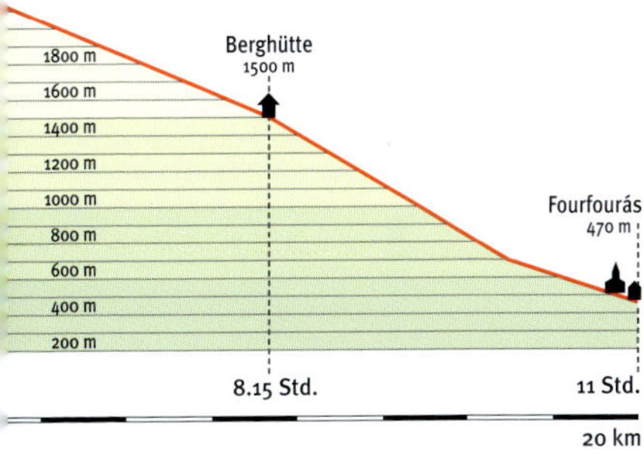

Tour 2

Hirtenkapelle im Hochland

Von Anógia nach Ágios Iakinoos

In Anógia wird Tradition noch ganz groß geschrieben. Das größte Bergdorf Kretas lebt vor allem von der Schafzucht und Weberei. Dank seiner Höhenlage ist es auch eine beliebte Sommerfrische und Ausgangspunkt für Touren ins Zentralmassiv.

DIE WANDERUNG IN KÜRZE

++
Anspruch

5 Std.
Gehzeit

15 km
Länge

Charakter: Kräftiger Anstieg auf teils steinigem Hirtenweg. Die Route ist markiert, dennoch ist die Orientierung nicht immer einfach. Der Abstieg erfolgt größtenteils auf einer Teerstraße. Die Tour kann in der Regel bereits ab April durchgeführt werden und ist besonders reizvoll, wenn auf dem Psilorítis noch Schnee liegt.

Einkehrmöglichkeiten: Etliche Tavernen und Kaffeehäuser in Anógia

Anfahrt: Mit dem Pkw: Von der Nordküste aus erreicht man das Bergdorf Anógia am schnellsten über Tílissos. Am Ortseingang von Anógia lässt man nach der Shell-Tankstelle die Auffahrt zur Idäischen Grotte (Ideon Cave) links liegen. Nach 50 m passiert man links das in einem hübschen Natursteinhaus untergebrachte Psilorítis Tourist Centre und erreicht 200 m hinter der Eko-Tankstelle eine Gabelung, an der rechts ein Schild zum Hotel Aristea weist. Parkmöglichkeit nahe der Gabelung. **Mit dem Bus:** Wer mit dem Linienbus von Iráklio anreist, steigt am besten an der Haltestelle an der Eko-Tankstelle aus und folgt der Straße dorfeinwärts zur Abzweigung zum Hotel Aristea.

Sofern wir die Wanderung am Busstopp an der Eko-Tankstelle in **Anógia** beginnen und der Straße dorfeinwärts folgen, können wir gleich

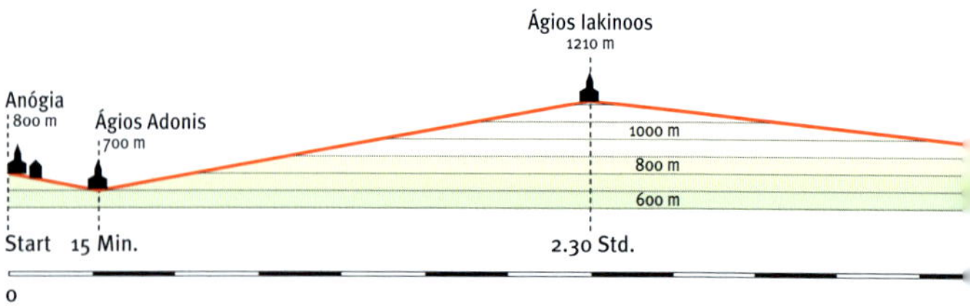

hinter einem Supermarkt über einen Sportplatz hinweg ins Tal schauen. Auf der anderen Talseite sehen wir die Kapelle Ágios Adonis am Hang stehen – dort beginnt der alte Muliweg. Wir müssen also vom Oberdorf zunächst ins Unterdorf absteigen.

Am Abzweig zum Hotel Aristea – hier beginnt die Wanderung für Autofahrer – bleiben wir noch 50 m auf der Hauptstraße, passieren also rechts eine Kapelle und daneben das Rote Kreuz, und biegen dann vor der Cafeteria Adonis scharf links in ein Sträßchen ein. Dieses führt recht steil abwärts, kreuzt nach 5 Min. einen gepflasterten Platz und läuft auf die große byzantinische Kirche im Talgrund zu. An der Kirche erreichen wir das touristisch herausgeputzte **Unterdorf** mit Handarbeitsläden und zu jeder Tageszeit belebten Kaffeehäusern. Neben der Kirche befindet sich das Nikos-Xyloris-Haus, welches das Andenken an den in Anógia geborenen und 1980 verstorbenen berühmten kretischen Lyraspieler wach hält. 150 m weiter haben wir das Ortsende erreicht und stehen unterhalb der Kapelle **Ágios Adonis** (15 Min.).

Von der Straße führt ein Betonweg zur Kapelle hinauf. Wir gehen jedoch nicht ganz zur Kapelle hoch, sondern steigen in der Rechtskehre darunter steil hangaufwärts. Schon nach wenigen Schritten nimmt ein

alter Muliweg Gestalt an, ein E 4-Zeichen an einem Baum weist ihn als eine Nebenroute des Fernwanderwegs aus. Der steinige Pfad läuft einen Taleinschnitt hinauf, rechts kommen wir an einem Zypressenwäldchen vorbei. Von einer Anhöhe genießen wir das Panorama auf die bis in den Frühsommer verschneiten Nordhänge des Psiloritis.

Gelbschwarze Markierungen leiten uns in eine Senke hinab. Es geht ein kurzes Stück an einer Trockenmauer entlang, danach treffen wir vor einer **Schäferei** mit einem Wellblechdach auf einen Schotterweg, dem wir nach rechts in ein Tal folgen. Bereits nach 200 m verlassen wir vor einem Wasserreservoir diesen Weg erneut nach rechts. An einer mächtigen **Eiche,** die mitten aus felsigem Grund herausgewachsen ist, geht es steil den Hang hoch. Anfangs stiften Ziegenpfade etwas Verwirrung: Wir halten immer die eingeschlagene Richtung bei, Farbmarkierungen unterstützen die Wegfindung.

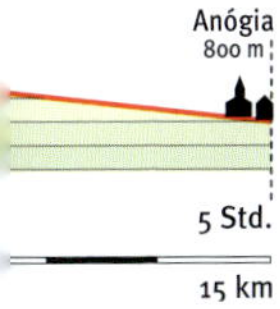

Kermeseichen und Kretischer Ahorn prägen den Waldgürtel an der Nordabdachung des Psiloritis-Massivs.

Ein Schotterweg wird gekreuzt. 5 Min. darauf führt der nun weniger steinige Pfad durch einen lichten Ahornbestand erneut auf eine Anhöhe, von der sich abermals der Blick auf das Psiloritis-Massiv öffnet. Hier stoßen wir auf einen quer verlaufenden Feldweg. Geradeaus abwärts bringt uns ein Weg zu einem Schafpferch. Bevor der Weg jedoch auf das Gebäude zuhält, nehmen wir geradeaus gehend wieder den Muliweg auf (verblasste gelbe Markierung auf Fels).

Wir queren schräg ein grünes Tal mit Ahornbäumen und Eichen. Unter einem stattlichen Walnussbaum erreichen wir neben einem weiteren Schafpferch ein **Steinhaus**. Hier treffen wir wieder auf eine Piste. Dieser folgen wir geradeaus zunächst Höhe haltend und dann sanft ansteigend ein Tal hinauf. In einer Rechtskehre verlassen wir die Piste wieder geradeaus in den Mulipfad. Es geht ein enges Trockenbett zu einer **waldlosen Hochfläche** hinauf (1.45 Std.). Auf einem Ziegenpfad wandern wir am rechten Rand der Lichtung zu einer eingezäunten Viehtränke. Von dort läuft ein Feldweg halb rechts zu einer Schäferei hinauf. Wir gehen jedoch bereits 25 m hinter der Einzäunung vor einem verfallenen Steinmäuerchen scharf links hangaufwärts.

Der ziemlich undeutliche Pfad zieht auf einen quer verlaufenden Bergrücken. Vom Rücken zeigt sich erneut der Psiloritis in seiner ganzen Pracht. Wir steigen leicht links haltend auf eine Piste ab und folgen ihr links. Kurz vor einem Rechtsbogen setzt sich der Hirtenpfad geradeaus fort. Dieser führt zunächst ein paar Meter oberhalb eines eingeschnittenen Trockenbetts entlang. Sobald sich das Trockenbett weitet, wandern wir direkt in diesem die Richtung beibehaltend das Tal hinauf und gelangen vor einer wie aus einzelnen Steinplatten geschichteten Felswand zu einem **Brunnen** mit einer Zisterne.

Hier beginnt rechts ein anfangs undeutlicher Forstweg, der nach 150 m scharf nach links läuft und auf einen Querweg mündet. Wir steigen auf ihm links leicht bergan und passieren eine eingezäunte Weide und einige Minuten darauf einen Steinbruch, in dem das Baumaterial für

unser Wanderziel gebrochen wurde. Der stellenweise betonierte Weg quert eine Kreuzung, nach der wir schließlich **Ágios Iakinoos** erreichen (2.30 Std.). Die Kapelle liegt rechts vom Weg versteckt hinter einer Steinumfriedung. Das architektonische Kleinod ist ganz einer steinernen Rundhütte der Hirten nachempfunden und passt sich harmonisch in die Landschaft ein. Während der Weideperiode im Sommerhalbjahr steht die Tür in der Regel jeden Vormittag offen.

Sofern wir nicht auf dem gleichen Weg nach Anógia absteigen, wandern wir von der Kapelle aus immer auf der breiten Hauptpiste bleibend nach Osten und treffen nach einer halben Stunde auf die Straße Anógia – Idäische Grotte (Idéo Ándro). Wir folgen ihr nach links gut 20 Min. und nehmen dann eine Abkürzung direkt auf einen großen Wasserspeicher zu. Nach kurzem steilem Abstieg auf einem holprigen Weg treffen wir wieder auf die Straße, queren sie und halten weiter auf das Wasserreservoir zu, bis wir in Höhe der weithin sichtbaren Futtersilos wieder auf die Straße kommen. Insgesamt lassen sich so etwa drei der acht Straßenkilometer abkürzen. An der Shell-Tankstelle erreichen wir wieder den Ortseingang von **Anógia** (5 Std.).

Tour 3

In die Kinderstube von Zeus

Spaziergang auf dem Nída-Plateau

Wer auf Kreta nicht ganz hoch hinaus will, erhält bereits von der Nída-Ebene auf fast 1400 m ü.d.M. einen Einblick in die schroffe Bergwelt des Zentralmassivs. Das Plateau am Fuß des Psiloritis lässt sich auf Hirtenpfaden leicht umrunden, im Sommer grasen hier Ziegen- und Schafherden.

DIE WANDERUNG IN KÜRZE

+ Anspruch

3 Std. Gehzeit

12 km Länge

Charakter: Zunächst kurzer Aufstieg auf breiter Piste zur Idäischen Grotte. Die anschließende Umrundung der flachen Nída-Ebene erfolgt auf Hirtenwegen, teils auch weglos durch offenes Gelände. Dennoch fällt die Orientierung auf diesem Wegstück nicht schwer. Die Tour ist meist nur im Sommerhalbjahr möglich, bis ins Frühjahr hinein kann die abflusslose Senke von Schmelzwasser überflutet sein.

Einkehrmöglichkeiten: Taverne Nída am Startpunkt der Wanderung

Anfahrt: Mit dem Pkw zunächst nach Anógia. Von dort windet sich eine 21 km lange Teerstraße zum Nída-Plateau hinauf. An der Taverne Nida parken. **Mit dem Bus:** Ab Iráklio und Réthimno verkehren Busse lediglich bis Anógia, von dort kann man sich mit dem Taxi zum Ausgangspunkt bringen lassen.

Vom Parkplatz an der **Taverne Nída** folgen wir neben der Infotafel »Psilorítis Natural Park« der aufwärts führenden Schotterpiste. An der Gabelung nach gut 50 m gehen wir rechts und erreichen nach wenigen Minuten auf einem kleinen Plateau die **Bergkapelle Análipsi.** Von dem 1882 errichteten Kirchlein lässt sich schön die ganze Nída-Hochebene überblicken. In der Kehre hinter der Kapelle zweigt der Aufstiegspfad zum Psilorítis ab (vgl. Tour 4); wir folgen jedoch weiter der Piste hinauf zur Höhle **Idéo Ándro,** in der Zeus dem Mythos zufolge seine Kindheit verbracht haben soll (30 Min.). Von der 27 m breiten Öffnung führt ein

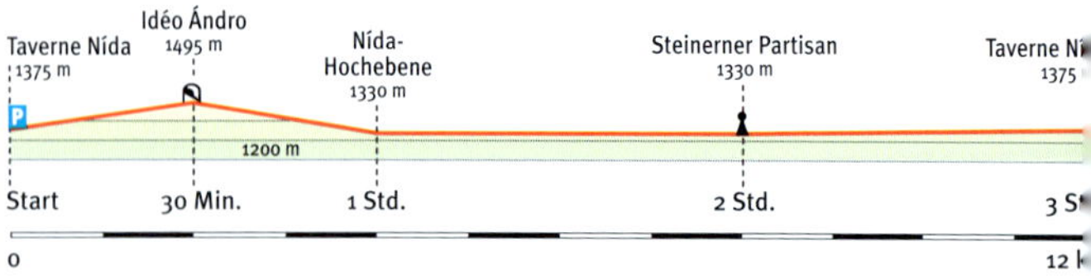

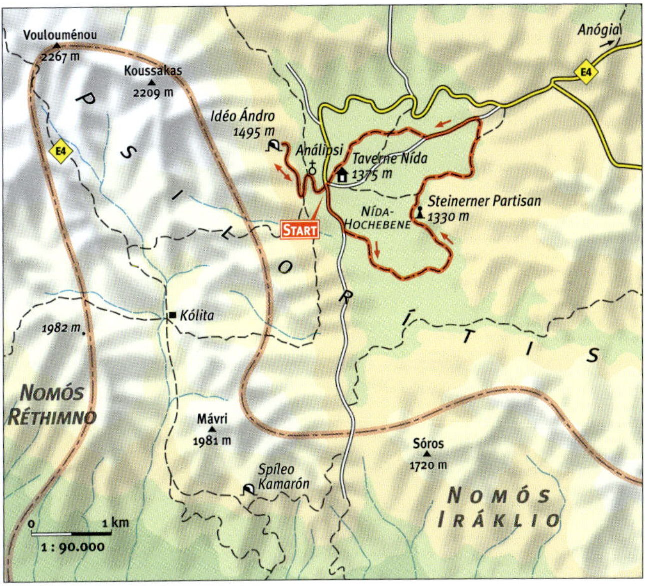

bequemer Bohlenweg in die Grotte hinab, der eigens für die umfangreichen Ausgrabungen angelegt wurde. Die wichtigsten Fundstücke wie minoische Siegel, Votivgaben und ein bronzenes Reliefschild sind im Archäologischen Museum in Iráklio ausgestellt.

Von der Idäischen Höhle gehen wir auf gleichem Wege wieder zurück, biegen jedoch 50 m vor dem Parkplatz rechts in die **Nida-Hochebene** ab (1 Std.). Der breite Fahrweg hält zunächst auf die Gipfel Mávri und Sóros zu. In einer kleinen Senke, in der sich rechts ein Pferch mit Viehtränken befindet, biegen wir links in einen Feldweg ab. An der Gabelung 4 Min. darauf halten wir rechts auf den südöstlichen Rand von dem Plateau zu, das mit seinen trichterförmigen Karstwannen gar nicht so eben ist, wie es von dem Aussichtspunkt an der Kapelle den Anschein hatte. Während der ganzen Umrundung der Ebene sind wir von einem erhabenen Kranz von Bergen umgeben, der von dem sanft geschwungenen Bergstock des Psilorítis überragt wird.

Am **Ostrand** des Plateaus erreichen wir auf einer felsigen Anhöhe steinerne Rundhütten. Diese so genannten »Mitata« sind typisch für das kretische Bergland. Es sind die Nachtquartiere der Hirten, die oft tagelang mit ihren Herden auf der Hochebene bleiben. Sie werden aus Feldsteinen mörtellos zusammengefügt und haben die Form von einem Iglu.

Völlig unvorbereitet treffen wir ein Stück weiter am Rand der Ebene auf den **Steinernen Partisan**, eine großflächige Skulptur aus flach auf der Erde angeordneten Feldsteinen (2 Std.; Infos s.u.). Über kurz gehaltenes Graspolster gehen wir nun weglos immer am Rand der Ebene entlang. Vom Frühsommer bis in den

Herbst hinein ist das Hochplateau vom Glockengebimmel Tausender weidender Schafe erfüllt.

Auch am Hang über dem **Nordrand** stehen etliche Hirteniglus, die hier so geschickt in das Landschaftsbild integriert sind, dass sie kaum auszumachen sind. Wir umlaufen zwei Anhöhen, die wie Inseln aus der Ebene herausragen. Über die Westseite des Plateaus erreichen wir schließlich wieder unterhalb der **Taverne Nída** den Fahrweg, der uns zum Parkplatz hinaufbringt (3 Std.).

Der Steinerne Partisan

Auf einer Fläche von 32 x 10 m breitet sich flach auf dem Boden die Landschaftskulptur der Berlinerin Karina Raeck aus. Rund 5000 Steine

Die Nída-Hochebene nimmt sich flach wie ein See aus.

formen die Gestalt eines kretischen Partisanen. Das Kunstwerk soll ein Mahnmal des Friedens sein. Die Künstlerin wurde zu ihrer Arbeit durch eine Tragödie im Zweiten Weltkrieg angeregt, als die deutsche Wehrmacht Kreta besetzt hielt und als Strafexpedition gegen die Aktionen der sich auf der Nída-Ebene verschanzten Widerständler am 15. August 1944 das Bergdorf Anógia in Schutt und Asche legte und 220 Einwohner exekutierte. Das Mahnmal kam mit tatkräftiger Unterstützung der Hirten von Anógia zustande, die mit ihren Pick-ups die Steine zusammentrugen. Die unbehauenen Felsbrocken hatten während des Krieges ursprünglich eine ganz andere Funktion: In der Ebene verteilt sollten sie die Landung der deutschen Luftwaffe vereiteln.

Tour 4

Gipfel zwischen den Meeren

Von der Nída-Hochebene auf den Psiloritis

Der kürzeste Aufstieg auf das Dach von Kreta beginnt oberhalb des Bergdorfes Anógia. Um das spektakuläre Gipfelpanorama in vollen Zügen genießen zu können, sollte man für die Besteigung einen Tag mit stabiler Wetterlage und guter Fernsicht abwarten.

DIE WANDERUNG IN KÜRZE

+++ Anspruch

8 Std. Gehzeit

2160 m An-/Abstieg

Charakter: Imposante Hochgebirgstour auf fast durchgängig gut markiertem Pfad mit kurzer leicht abschüssiger Passage. Beste Zeit für die Besteigung sind die schneefreien Sommermonate.

Einkehrmöglichkeiten: Taverne Nída am Startpunkt der Wanderung, während des Aufstiegs keine weitere Verpflegungsmöglichkeit

Anfahrt: Mit dem Pkw bis nach Anógia. Von dem Bergdorf führt eine 21 km lange Teerstraße zur Nída-Hochebene hinauf. Auf dem Parkplatz an der Taverne Nída parken. **Busse** ab Iráklio und Réthimno verkehren lediglich bis Anógia, von dort kann man sich mit dem Taxi zum Ausgangspunkt bringen lassen.

Unterkunft: Da für die Anfahrt von den Ferienorten an der Nordküste bis zum Ausgangspunkt mindestens anderthalb bis zwei Stunden eingeplant werden müssen, ist es ratsam, einen Tag vor der Wanderung anzureisen und in Anógia zu übernachten. Empfehlenswert ist das Hotel Aristea (Tel. 28 34 03 14 59).

Am Parkplatz an der **Taverne Nída** beginnt neben der Infotafel »Psiloritis Natural Park« eine leicht bergan führende Schotterpiste. An der Gabelung nach gut 50 m gehen wir rechts und passieren nach wenigen Minuten die schlichte **Bergkapelle Análipsi.** Etwa 200 m nach dem Kirchlein läuft die Piste in einer Rechtskehre weiter zur Höhle Idéo Ándro (vgl. Tour 3) hinauf. Wir nehmen jedoch den eventuell mit einem Steinmännchen markierten Pfad geradeaus Richtung Süden. Der Wegverlauf ist zunächst etwas unübersichtlich, da mehrere Pfade den gerölligen Hang queren. Gelb-schwarze Markierungen und E 4-Stangen sind zunächst 20 bis 30 Höhenmeter über dem eigentlichen Routenverlauf gesetzt.

Vor einem Taleinschnitt schwenkt der Pfad nach Westen und läuft am orografisch linken Rand des Tals bergauf (45 Min.). Der Tourenverlauf ist ab jetzt gut markiert. An den Tal-

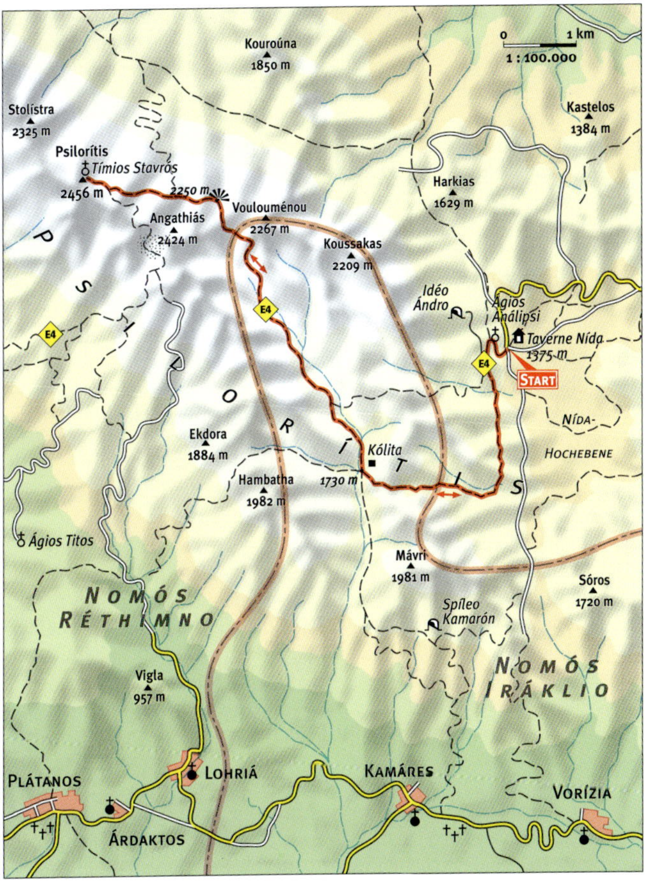

flanken duckt sich eine karge Igelpolsterheide auf den felsigen Grund. Der Pfad wechselt auf den rechten Rand des Einschnitts und bringt uns schließlich auf einen **Kamm** (1.45 Std.). Nach Nordwesten fällt der Blick auf den Angathiás, an dessen Nordflanke die Route später entlangführen wird. Um dorthin zu kommen, müssen wir einen Haken schlagen und zunächst in südwestlicher Richtung in ein weites Hochtal absteigen, das sich von der Alm Kólita bis zum Fuß des Angathiás erstreckt. In der Talsohle stoßen wir auf einen **Abzweig** (2 Std.). Es handelt sich um den Bergpfad, der von Kamáres die Südabdachung des Psiloritis hochläuft (2 Std.). Vereint mit unserem zieht dieser relativ sanft ansteigend das Tal hinauf.

Vor einer felsigen Kuppe mit einem auffälligen Markierungszeichen (großer roter Pfeil auf weißem Viereck) teilt sich das Tal. Wir passieren die Kuppe auf der linken Seite und arbeiten uns in den folgenden 60 Minuten den v-förmigen Einschnitt zwischen dem Angathiás und dem Voulouménou hoch. Eventuell können sich hier bis in den Sommer hinein Schneereste halten. Eine 30 m tiefer gelegene Senke wird umlaufen, in der sich im Frühjahr Schmelzwasser sammelt und so für etwas Grün in der ansonsten unwirtlichen Felslandschaft sorgt.

Kurz nachdem wir einen Bergrücken gequert haben, senkt sich der Weg in eine kleine Mulde ab und steigt dann auf den **Nordkamm** des Psiloritis-Massivs auf (3.45 Std.). An der hüfthohen Steinpyramide auf der Passhöhe erwartet uns ein großartiges Panorama auf die Nordküste. Im Osten schauen wir auf die Gipfelsäule des Koussakas, nach Westen haben wir erstmals den Blick auf die Gipfelkapelle auf dem Psiloritis.

Nun immer den Psiloritis vor Augen zieht der Weg stellenweise leicht abschüssig, doch nur noch mäßig steil an der Nordflanke des Angathiás entlang. Sobald der steinige Schutthang des nur 32 m niedrigeren Nachbarn des Psiloritis passiert ist, wandern wir ein kurzes Stück direkt auf dem Kamm, von dem wir sowohl auf das Kretische Meer im Norden als auch auf das Libysche Meer im Süden schauen können. In einem Sattel unterhalb des Gipfels des Psiloritis mündet von links der unscheinbare Pfad von Fourfourás (vgl. Tour 1) in unseren Weg ein. Nach einem letzten kurzen Anstieg erreichen wir schließlich den **Psiloritis** – den höchsten Punkt Kretas (4.30 Std.). Von der windgeschützten Südseite der aus unbehauenen Steinen errichteten Gipfelkapelle Timíos Stavrós bietet sich ein grandioses Panorama auf die Treibhäuser in der Messará-Ebene und den weit geschwungenen Golf von Timbáki.

Nachdem wir ausgiebig die Aussicht in alle Himmelsrichtungen aufgenommen haben, steigen wir auf demselben Weg wieder zur **Nída-Hochebene** (8 Std.) ab.

Der Psiloritis

Für die Kreter ist der Psiloritis im Idí-Massiv der Berg schlechthin. Der Name bedeutet übersetzt so viel wie »der Höchste«. Kein anderer Gipfel Kretas reicht an die 2456 m heran. Der Berg wird vielfach auch nach der Gipfelkapelle Timíos Stavrós genannt. Ähnlich wie auch der Olymp auf dem griechischen Festland spielt der Psiloritis eine bedeutende Rolle in den mythischen Vorstellungen der Griechen. Göttervater Zeus soll in der Idí-Höhle am Fuß des Berges unter der Obhut von Nymphen seine Kindheit verbracht haben.

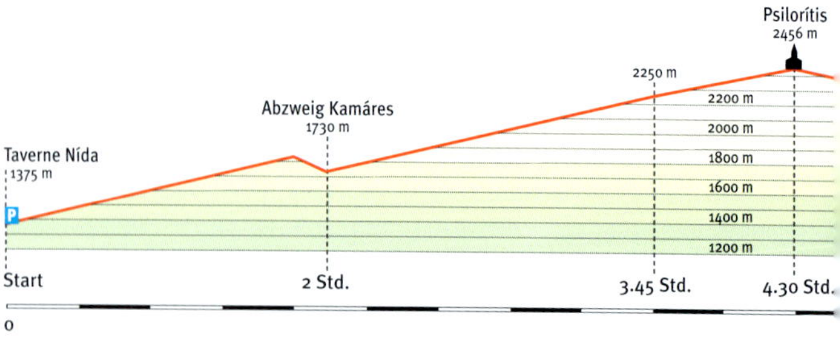

Ein felsiger Steig läuft die Nordflanke des Psiloritis hoch.

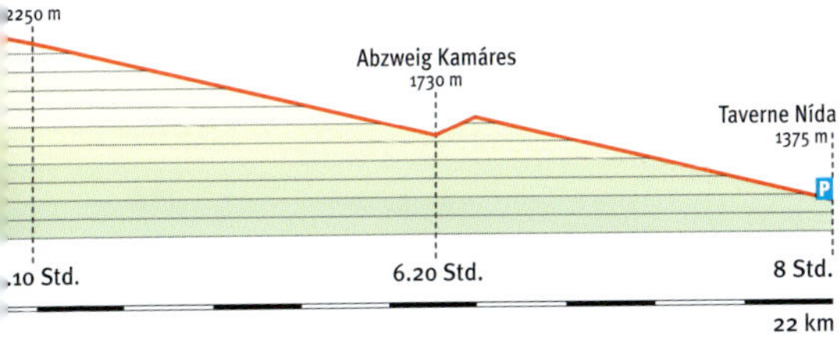

Zur minoischen Kultgrotte

Aufstieg von Kamáres zur Spíleo Kamarón

Vom Aussichtshügel Festós kann man an klaren Tagen mit bloßem Auge hoch über der Messará-Ebene den dunklen Schlund der Kamáres-Höhle ausmachen. In der Grotte fanden Archäologen 4 000 Jahre alte dünnwandige minoische Vasen, die als so genannte Eierschalenkeramik eine ganze Zeitepoche bezeichnen.

DIE WANDERUNG IN KÜRZE

++
Anspruch

5.30 Std.
Gehzeit

1910 m
An-/Abstieg

Charakter: Recht steiler und langer Auf- und Abstieg auf markiertem Pfad

Einkehrmöglichkeiten: Taverne Zacharias in Kamáres, mit schattiger Terrasse und freundlichem Wirt. Unterwegs keine

Anfahrt: Mit dem Pkw: Von der Südküste aus erreicht man Kamáres am besten ab den Zufahrten Agía Galíni und Míres (über Záros). Von Iráklio kommend biegt man in Agía Varvára ab und fährt über Záros nach Kamáres. Im Dorf parken. **Mit dem Bus:** Ab Iráklio über Míres ein bis zwei Mal täglich (Übernachtung in Kamáres erforderlich)

Von der Dorfstraße in **Kamáres** gibt es sowohl am östlichen als auch am westlichen Ortsausgang einen ausgeschilderten Weg zur Höhle; beide Wege treffen oberhalb des Ortes zusammen. Wir wählen den anfangs betonierten Weg am östlichen Ortsende, der gegenüber von der Taverne Zacharias zum oberen Dorfrand führt. Wenige Meter nachdem die Betonpiste in einen Schotterweg übergeht, beginnt rechter Hand ein steiniger Pfad, der im Zickzack hangaufwärts zieht. Nach knapp 10 Min. erreichen wir eine gemauerte Wasserrinne. Hier gehen wir links weiter bergauf und stoßen kurz darauf unterhalb eines Wasserreservoirs auf eine Piste. Diese querend steigen wir auf dem felsigen Pfad zu einer

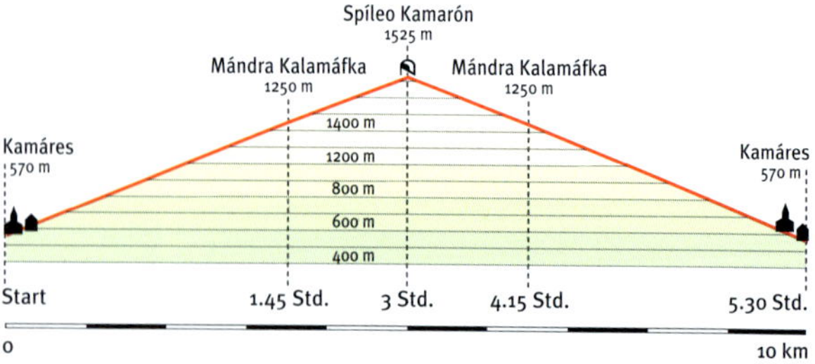

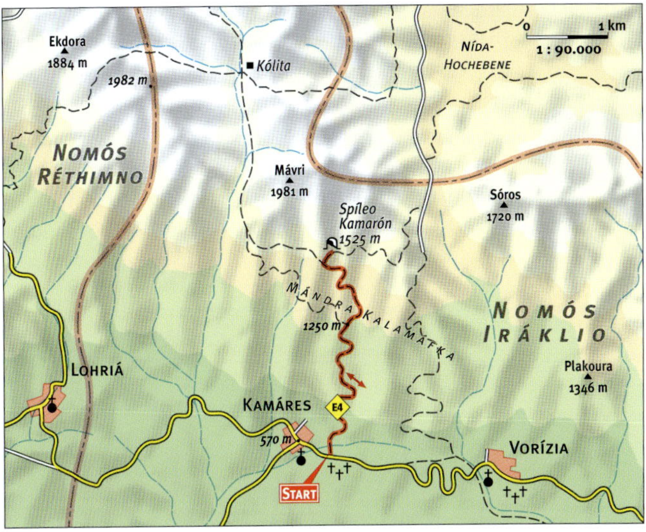

E 4-Markierungsstange auf, an welcher der Weg scharf rechts abknickt. Schon jetzt genießen wir eine schöne Aussicht auf den geschlossenen Dorfkern von Kamáres und die weite Bucht von Messará mit den vorgelagerten »Zwiebackinseln«.

Wir kreuzen einen schmalen **Wasserkanal**. Für die nächste Stunde läuft unsere Wanderroute mehr oder weniger parallel an diesem Wasserkanal hoch. Der bald recht gut ausgebaute Steig bringt uns zu einer Viehtränke; im Schatten einer Zypresse gönnen wir uns hier eine kurze Atempause. Das Terrain wird felsiger, der Weg führt über Felsplatten, die teils als natürliche Trittstufen dienen. Gegen Osten öffnet sich eine Schlucht, auf deren gegenüber liegender Seite ein Sträßchen zu einem Sendemasten zieht.

Ein lichter Mischwald aus Kermeseichen und Zypressen nimmt uns auf, hier gilt es verstärkt auf Steinmännchen zu achten. Bald läuft der Weg ein Stück direkt an dem Wasserkanal entlang und trifft auf die rechtwinklig gebaute Viehtränke von **Mándra Kalamáfka** (1.45 Std.). Hier befindet sich ein Abzweig nach links, den wir jedoch ignorieren.

Der weitere Wegverlauf ist ein Stück undeutlich, doch die immer ein paar Meter rechts verlaufende Wasserrinne macht die Orientierung einfach. Nach gut 10 Min. wird eine weitere Viehtränke mit einem gemauerten Schacht dahinter erreicht. Hier queren wir die Wasserrinne und verlassen diese nach rechts (links von der Rinne läuft ein Pfad weiter zum Psiloritis). Nun begleitet uns ein schwarzes Wasserrohr; E 4-Stangen, rote Punkte und Steinmännchen helfen zudem, dass wir auf dem richtigen Weg bleiben.

Hinter einer Quelle mit einer weiteren Tränke steigen wir ziemlich steil zu einem Wasserbecken auf. Hier halten wir uns rechts. Der weitere Wegverlauf gestaltet sich etwas unwegsam. Eine felsige Scharte wird durchstiegen, wobei wir kurz die Hände zu Hilfe nehmen müssen. Der Eichenwald hat sich mittlerweile gelichtet, hoch über uns kann man nun das dunkle Loch der Grotte ausmachen. Eng gesetzte Steinmännchen bringen uns das letzte Stück mehr oder weniger weglos zur **Kamáres-Höhle** hinauf (3 Std.). Hinter dem über 40 m breiten und fast 20 m hohen Eingang öffnet sich ein gewaltiger Felsüberhang. Mindestens ebenso beeindruckend ist das sich hier bietende Panorama hinab in die Messará-Ebene, die im Südosten von den Asteroúsia-Bergen abgeriegelt wird.

Auf gleichem Pfad steigen wir wieder nach **Kamáres** ab (5.30 Std.).

Als Orientierungshilfe beim Aufstieg zur Kamáres-Höhle dient eine Wasserrinne.

Zur Schlucht am Forellensee

Von Zarós zur Kapelle Ágios Ioánnis

Zarós verdankt sein grünes Vegetationskleid den vielen Quellen, die im Psiloritis-Massiv entspringen. Der Wasserreichtum wird zur einzigen Forellenzucht auf Kreta genutzt. Die Wanderung oberhalb des Bergdorfes führt durch eine der schönsten Schluchten Ostkretas.

DIE WANDERUNG IN KÜRZE

+ Anspruch

4 Std. Gehzeit

1260 m An-/Abstieg

Charakter: Relativ einfache Schluchttour ohne allzu steile An- und Abstiege. Der schön angelegte Wanderweg ist teils ausgeschildert. Schattige Abschnitte machen die Tour auch im Sommer möglich, es empfiehlt sich dann früh aufzubrechen, um vor der großen Mittagshitze wieder zurück zu sein.

Einkehrmöglichkeiten: Taverne Votomos an der Zufahrt zum See; Spezialitäten des inselbekannten Lokals sind Lachsforellen aus eigener Zucht.

Anfahrt: Mit dem Pkw: Von Iráklio über Agía Varvára nach Zarós. Kurz hinter der Ortsmitte folgt man rechts der Ausschilderung zum Idí Hotel, von dort weiter zum Parkplatz am Forellensee (Entfernung ab der Ortsmitte 1,5 km). **Mit dem Bus:** Von Iráklio zweimal täglich nach Zarós (macht nur Sinn, wenn eine Übernachtung in Zarós eingeplant wird)

Die Wanderung beginnt oberhalb von Záros am Parkplatz am **Forellensee.** Wir gehen durch einen hölzernen Torbogen, lassen den gefassten Quellsee rechts liegen und passieren nach 100 m eine Taverne. Am Nordufer weisen Schilder »To the Gorge« und nach »Ágios Ioánnis«. Der von einem Geländer gesicherte und für kretische Verhältnisse vorbildlich angelegte Wanderpfad führt zunächst am oberen Rand eines Olivenhains hangaufwärts.

Nach gut 10 Min. schwenkt der Pfad nach rechts und gibt den Blick auf **Moní Ágios Nikólaos** am Ausgang der Roúwas-Schlucht frei. Vor den lang gestreckten Gebäuden queren wir auf einer Holzbrücke das felsige Flussbett und statten dem Kloster einen kurzen Besuch ab. Die Klosterkirche beherbergt einige sehenswerte Fresken aus dem 14. und 15. Jh., der freundliche Mönch zeigt auch gerne die »Ikone der 10 Heiligen« (Ágii Déka).

Zurück an der Brücke läuft unser Pfad im Zickzack zunächst am orografisch rechten Ufer des Bachbetts hinauf. Die schroffen Felswände rücken allmählich enger zusammen. Unter einer überhängenden **Felswand** wird das Bachbett gequert. Der Weiterweg direkt im Schluchtbett ist hier von großen Felsblöcken verstellt, auf breitem Weg geht es kurz

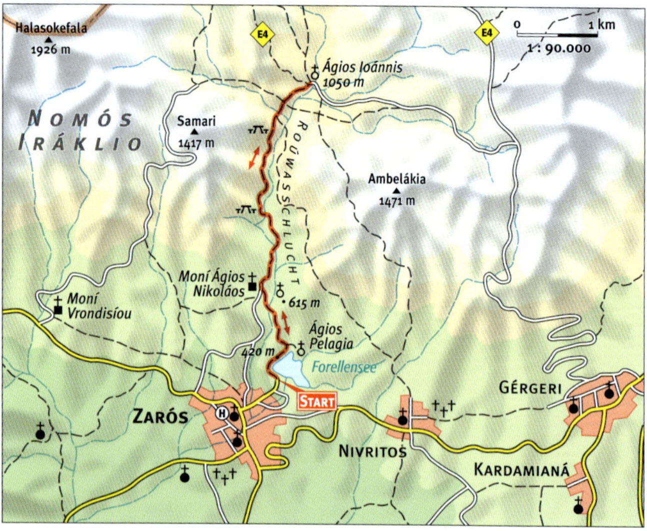

talauswärts. Nach 150 m verlassen wir diesen Weg rechts hoch, halten uns an einer Gabelung kurz darauf wieder rechts und steigen am orografisch rechten Schluchtrand zu einem exponiert auf einem Felssporn gelegenen **Rastplatz** auf. Noch vor wenigen Jahren ließ es sich hier im Schatten von Kiefern sitzen und die schöne Aussicht auf das Tal von Zarós und die Messará-Ebene genießen. Das Panorama ist geblieben, doch ein Brand zerstörte den Wald – entwurzelte Baumstämme sind die stummen Zeugen der wahrscheinlich durch Brandstiftung verursachten Katastrophe. Nur langsam fasst hier die Natur wieder Tritt, doch ohne gezielte Aufforstung wird sich kaum ein neuer Wald ansiedeln können. Glücklicherweise blieb das Innere der Schlucht vom Feuer verschont.

Auf dem Weiterweg spenden bald Kermeseichen etwas Schatten. Auf Trittstufen, Stegen und über Brücken erwandern wir nun das Nadelöhr der Roúwas-Schlucht. Die engste Stelle des Canyons mutet fast alpin an, der Pfad zwängt sich zwischen bis zu 300 m hoch aufstrebenden Kalkwänden hindurch und gewinnt weiter an Höhe. An den Hängen suchen Kalabrische Kiefern und Zypressen Halt, unter uns schauen wir auf das aus-

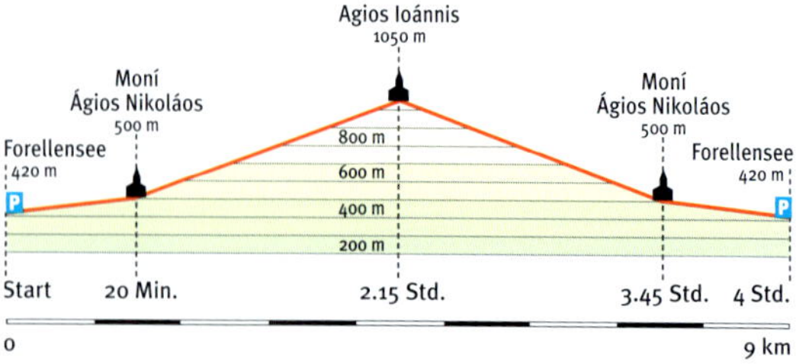

gewaschene Felsbett der Klamm. Mitten in einem Eichenwäldchen wird ein mit grob gehauenen Steinbänken und Tischen ausgestatteter weiterer **Rastplatz** erreicht.

Während der ganzen Strecke zeigen Schilder die verbliebene Wegstrecke nach Ágios Ioánnis an. An einer Gabelung folgen wir rechts dem 1 km-Schild. Nach der Schneeschmelze im Frühjahr stürzt sich hier ein quirliger Wildbach über eine Steilstufe. In der heißen Jahreszeit dagegen ist das Bachbett völlig ausgetrocknet.

Der Weg knickt bald nach rechts ab und steigt dem Bachlauf folgend sanft an. Wir erreichen ein **Hochplateau**, der Eichenwald weicht hier einer offenen Wiese. Unter großen Platanen befindet sich eine einladende Picknickzone. Oberhalb davon gelangen wir nach wenigen Schritten zu unserem Wanderziel, der weiß getünchten Kapelle **Ágios Ioánnis** (2.15 Std.). Von der Kapelle aus genießen wir einen beeindruckenden Rundblick auf die kargen Gipfel des Psiloríitis-Massivs.

Nach ausgiebiger Rast gelangen wir auf dem gleichen Weg durch die Schlucht wieder zurück zum **Quellsee** (4 Std.). Wir sollten es uns nicht nehmen lassen, in einer der Tavernen von Zarós einzukehren und die frischen Lachsforellen zu probieren.

Ein gesicherter Steig überbrückt das »Nadelöhr« der Roúwas-Schlucht.

Tour 7

Die Schlucht der Heiligen

Von Moní Odigítrias zum Traumstrand von Agiofárago

Der Landstrich zwischen Mátala und Kali Liménes ist so gut wie menschenleer und zeigt sich auf den ersten Blick überaus schroff und abweisend. Umso überraschender wirkt die von Oleander begrünte kleine Schlucht Agiofárago, an deren Ausgang eine paradiesische Badebucht mit türkisfarbenem Wasser wartet.

DIE WANDERUNG IN KÜRZE

+ Anspruch

2 Std. Gehzeit

7 km Länge

Charakter: Leichter Schluchtspaziergang, der wegen der Kürze und guten Bademöglichkeit auch im Sommer sehr beliebt ist.

Einkehrmöglichkeiten: Tavernen am Dorfplatz in Sívas

Anfahrt: Mit dem Pkw: Von der Straße Míres–Mátala biegt man 1 km vor Pitsídia links nach Sívas ab. In Sívas folgt man der Ausschilderung nach Kali Liménes. Nach der Ortsdurchfahrt von Lístaros weiter auf 4 km langer Staubpiste zum Kloster Odigítrias. Dort hält man sich links abwärts und folgt der Piste weitere 3,5 km, bis rechts ein Weg in ein Trockenbett hinabführt, in dem man nach 400 m vor einer Infotafel parken kann. **Mit dem Bus:** Der Ausgangspunkt ist nicht mit dem öffentlichen Bus erreichbar.

An der Infotafel im **Trockenbett** folgen wir dem für Pkws nicht weiter befahrbaren holprigen Weg nach Süden. Selbst im Sommer zeigt sich das in die karge Landschaft eingepasste Tal recht grün. Oleanderbüsche und Ölbäume, dazu vereinzelte Platanen und Johannisbrotbäume geben den Ufern des steinigen Trockenbetts einen lieblichen Anstrich. Nach 15 Min. passieren wir eine links am Weg stehende Wellblechhütte. Vor uns türmen sich die Schluchtwände von Agiofárago auf. In dem ocker eingefärbten Gestein hat die Erosion bizarre Rillen gebildet, in denen Ziegen vor der Mittagshitze Schutz suchen.

Wir erreichen eine **Viehtränke,** 100 m weiter enden an einer zweiten Infotafel die Fahrspuren. Vom Eingang der Schlucht folgen wir nun

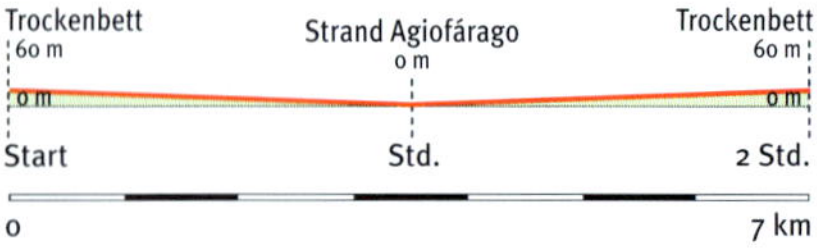

dem Pfad durch das breite geröllige Trockenbett. Die Schluchtwände ragen an die 100 m auf und sorgen selbst in der fast senkrecht am Himmel stehenden Mittagssonne für etwas Schatten.

An einem knorrigen Olivenbaum lädt eine Sitzbank zu einer kurzen Rast ein. Rechter Hand liegen in die Schluchtwand eingelassene Höhlen, die christlichen Eremiten bis noch ins 20. Jahrhundert als Wohnstatt dienten und der Schlucht ihren Namen gaben. Kurz darauf erreichen wir die malerisch an den Schluchtrand geduckte byzantinische Kirche **Ágios Nikólaos.** Das rosa Kuppeldach der auf das 14. Jh. zurückgehenden Kirche hebt sich hübsch von dem weiß getünchten Mauerwerk ab. Die Apsis lehnt sich direkt an den Fels. Im Ölbaum rechts von der Kirche hängt eine große Glocke, auf dem Platz davor befindet sich ein 20 m tiefer Ziehbrunnen.

Die Schlucht beginnt sich zu öffnen und macht einem breiten Tal Platz. 100 m hinter der Kirche können wir in wenigen Schritten links zum gewölbten Eingang einer Höhle aufsteigen. Gut 20 m tief im Fels weitet sich die Grotte zu einer überaus geräumigen Halle, mitunter ist sie von neuzeitlichen Hippies bewohnt.

Schließlich sind wir am Meer (1 Std.). Der wunderschöne feinkiesige **Strand von Agiofárago** wird zu beiden Seiten von schützenden Küstenfelsen eingefasst, sodass die Bucht selbst bei rauer See meist einen guten Badeplatz abgibt. Am westlichen Strandende ragt eine pittoreske kleine Felsbrücke aus dem glasklaren Wasser. Träume wollen mit anderen geteilt werden – im Sommer wird die Bucht von Mátala und Agía Galíni aus auch von Ausflugsbooten angesteuert, im Frühjahr und Herbst ist man dagegen meist unter sich.

Auf dem gleichen Wege kehren wir zu unserem Ausgangspunkt zurück.

Auf der Rückfahrt lohnt ein kurzer Stopp in **Moní Odigítrias.** Das Kloster aus der Mitte des 16. Jh. war während der türkischen Besatzung ein Hort des Widerstandes gegen die verhasste Fremdherrschaft. Der wehrhafte Charakter der Anlage wird durch einen Fluchtturm dokumentiert, in dem sich die Mönche bei Angriffen verbarrikadierten. In der Klosterkirche sind jüngst freigelegte Fresken sowie drei Ikonen des kretischen Malers Pater Angelos sehenswert. An der geschnitzten Ikonostase im Nordschiff befindet sich die sog. Weinstock-Ikone. Sie zeigt Christus im Weinberg von seinen Jüngern umgeben.

Schutz suchend schmiegt sich das byzantinische Kirchlein Ágios Antónios an den Fels.

Aussichtskanzel überm Rebland

Von Áno Asítes zur Berghütte Prínos

Das Bergdorf Áno Asítes liegt in den steil abfallenden östlichen Ausläufern des Zentralmassivs. Hoch über dem Ort unterhält der griechische Bergsteigerverein eine Berghütte, von der aus Touren ins Hochgebirge möglich sind.

DIE WANDERUNG IN KÜRZE

++
Anspruch

3.30 Std.
Gehzeit

1250 m
An-/Abstieg

Charakter: Die Wanderung beginnt auf einem bequemen Feldweg und steigt dann teils recht steil und felsig zu einem Hochplateau auf.

Einkehrmöglichkeiten: Kafeníon in Áno Asítes

Anfahrt: Mit dem Pkw über Agía Varvára nach Áno Asítes. Am südlichen Ortsausgang parken; **Busse** ab Iráklio verkehren innerhalb der Woche mehrmals täglich, Sa und So eingeschränkt.

Sofern wir mit dem Bus angereist sind, folgen wir vom Kafeníon in der Ortsmitte von **Áno Asítes** der Dorfstraße zum südlichen Ortsrand. Am Ortsendeschild (Autofahrer finden hier am Straßenrand eine Parkmöglichkeit) weist rechts ein Schild zur E.O.S.-Berghütte.

Der anfangs noch betonierte Weg verzweigt sich nach 2 Min., wir gehen wiederum rechts und kurz darauf geradeaus. Am Weg liegen kleine Gehöfte, die von Weinbergen, Olivenhainen sowie Mandel- und Walnussbäumen umgeben sind. Der leicht ansteigende Weg hält bald direkt auf die sich vor uns auftürmenden Ausläufer des Psiloritis-Massivs zu, die vom pyramidenförmigen Gipfel des Gíristi überragt werden. Im oberen Drittel des Bergstocks können wir unterhalb eines Waldes unser Wanderziel, die Berghütte Prínos, ausmachen.

Der Schotterweg läuft in einem weiten Linksbogen in ein von Zypressen bestandenes Tal hinab. Wenige Minuten nachdem wir einen links abgehenden Feldweg passiert haben, verzweigt sich der Weg erneut. Geradeaus versperrt ein Gatter den Weiterweg, doch drei Meter rechts davon lässt sich der Weidezaun öffnen. Ein Pfad führt nach ein paar Schritten auf die vom Zaun versperrte Piste, der wir weiter durch einen jungen Olivenhain folgen. Wir erreichen einen Zaundurchlass an einem Bachbett. Hier steigen wir auf einem markierten Pfad links die Böschung hoch, folgen dem Bachbett bergan und treffen nach wenigen Minuten auf einen Querweg. Gut 5 m rechts setzt

Der Gíristi bildet den östlichen Abschluss des zentralen Berglandes.

sich der Pfad fort und läuft in den Talschluss hoch. Nach kurzem, kräftigem Aufstieg wird ein großer Kretischer Ahornbaum direkt am Fuß einer **Felswand** erreicht (1 Std.). Etwa 15 m links von dem Baum endet eine Piste – diese wird uns auf dem Rückweg wieder in das Zypressental hinabbringen. Wir folgen jedoch zunächst dem Pfad rechts am Fuß der aufstrebenden Wand in einen felsigen Einschnitt hinein. Ein wildromantischer Steig windet sich steil zwischen den Kalkfelsen hoch.

Nach einer knappen halben Stunde haben wir das steilste Stück hin-

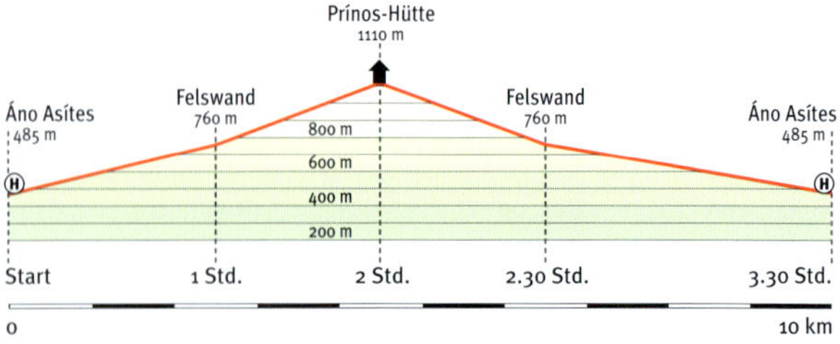

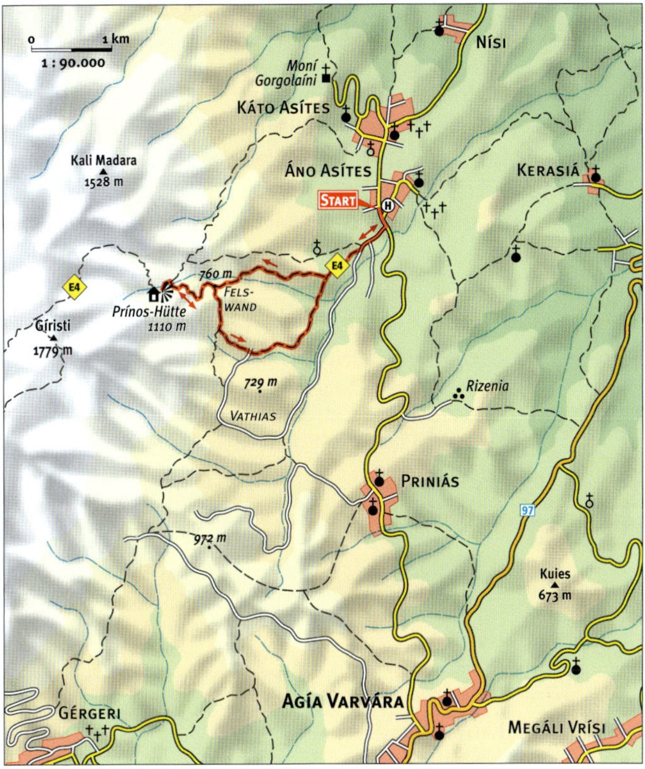

ter uns gebracht. Wir erreichen ein Hochplateau, über dem sich der Gipfelaufbau des Gíristi erhebt. Das Plateau wird links haltend schräg gequert und nach einem letzten kurzen Anstieg gelangen wir zur **Prínos-Hütte** (2 Std.). Der solide Steinbau ist Ausgangspunkt für Besteigungen des Gíristi und Psiloritis. Von der aussichtsreichen Sonnenterrasse schweift der Blick über die Weindörfer im Tal und den Bergrücken des Joúchtas (s. auch Tour 9) auf das über 2000 m hohe Díkti-Massiv im Osten. Im Nordosten breitet sich entlang der Küste die Inselhauptstadt Iráklio aus, der das Inselchen Día vorgelagert ist.

Für den Rückweg steigen wir auf dem gleichen Weg bis zum Ahornbaum am Fuß der **Felswand** ab und folgen rechts der bequemen Schotterpiste weiter abwärts (2.30 Std.). Ohne auf jeden Tritt achten zu müssen lässt sich nun das Panorama auf die Weinberge genießen. An einer Gabelung gehen wir nach links und gut 50 m unterhalb davon nochmals links. Die Piste läuft in einem Bogen talwärts und bringt uns zu jener Wegverzweigung, die wir bereits vom Hinweg kennen. Wir wenden uns nach rechts und erreichen nahe der Talsohle wieder den Weg, der uns zurück nach **Áno Asítes** bringt (3.30 Std.).

Im Reich des Minos

Vom Weindorf Archánes auf den Joúchtas

Vom nahen Iráklio aus erscheint die Silhouette des gut 800 m hohen Joúchtas wie das Profil eines schlafenden Mannes. Dem kretischen Volksglauben nach soll dies der Göttervater Zeus sein. Auf dem Gipfel unterhielten die Minoer ein bedeutendes Bergheiligtum. Archánes am Fuß des Berges ist das bekannteste Weinbaugebiet der Insel.

DIE WANDERUNG IN KÜRZE

+ Anspruch

2.30 Std. Gehzeit

7 km Länge

Charakter: Leichte Bergbesteigung (An- und Abstieg zusammen gut 800m) auf schmalen Pfaden, im Sommer sehr heiß

Einkehrmöglichkeiten: Etliche gute Tavernen in Archánes. Empfehlenswert ist das schattige Gartenlokal Mypiopyto am Hauptplatz mit typisch kretischer Küche und Wein aus Archánes.

Anfahrt: Mit dem Pkw: Von Iráklio aus folgt man der Ausschilderung nach Knossós und weiter durch Spília und Patsides, hinter dem man rechts nach Archánes abbiegt. Man durchfährt Káto Archánes, passiert in Epáno Archánes die Kirche und folgt den Wegweisern zur Post an der Platía Elefthérou Venizélou, dem Hauptplatz des Winzerortes. **Mit dem Bus:** Busse von Iráklio nach Archánes verkehren Mo bis Fr alle 30 bis 60 Minuten, am Wochenende alle 2 Std.

Tipp: Jeweils am 6. August wird das Kirchenfest der Verklärung Christi gefeiert. In diesem Zusammenhang führt eine Prozession zur Gipfelkapelle Aféndi Christoú Metamórfosi hinauf.

Von der BP-Tankstelle an der Platía Elefthérou Venizélou in **Archánes** queren wir den von Schattenbäumen bestandenen Platz und folgen der Straße am Gebäude der Telefongesellschaft (O.T.E.) 100 m ab-

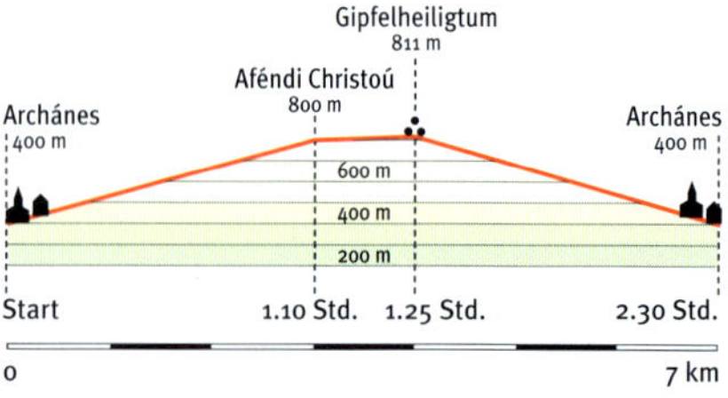

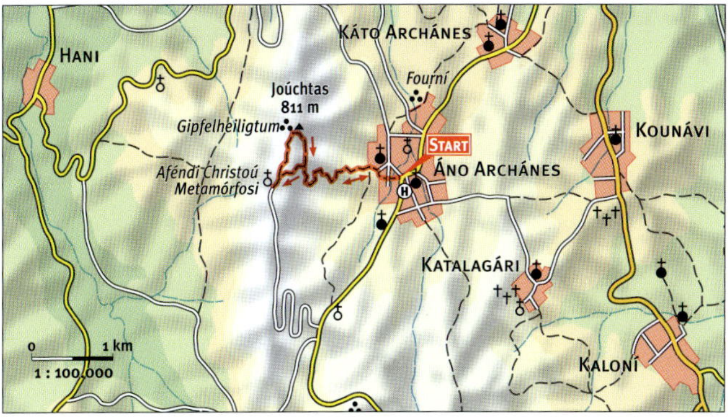

wärts zu der Kreuzung, an der sich links die Bushaltestelle befindet. Die Kreuzung querend gehen wir zwischen einem Kafeníon und einem Souvenirgeschäft das Gässchen Odós Panagiotoy Elenis bis zu seinem Ende. Rechts haltend kommen wir an der Rückseite einer Schule mit einem Spielplatz im Hof vorbei und biegen am nächsten Querweg links ab (rechts schaut man auf zwei kleine Kapellen).

Nach weiteren 150 m geht es wieder links, 15 m darauf biegen wir an einem rotgelben Haus rechts in den betonierten Weg zum Fuß des Joúchtas ein. An der Verzweigung 3 Min. später folgen wir links weiter dem Betonweg durch kleine Gärten und einen Olivenhain. Der Weg macht eine Linksschleife und gewährt nun ein schönes Panorama auf die Dächer von Archánes.

An einer gelben Tafel mit rotem Pfeil gabelt sich der Weg erneut. Wir wandern rechts auf dem Schotterweg bergauf, gehen nach 150 m links und erreichen nach weiteren 200 m eine markierte Stelle, an welcher der alte **Wallfahrtsweg** beginnt (20 Min.). Über ein paar Steinstufen steigen wir nun rechts die Ostflanke des Joúchtas hoch. Der stellenweise erodierte Pfad führt an schlanken Zypressen, vereinzelten Kiefern und Kermeseichen vorbei. Am Wegrand duftet es nach Salbei und im zeitigen Frühjahr lassen sich auch Orchideen wie das Vierpunkt-Knabenkraut und die seltene Wespen-Ragwurz entdecken.

Der Pfad teilt sich, doch die beiden Stränge führen nach wenigen Minuten wieder zusammen. Zehn Minuten darauf wählen wir an einer weiteren Verzweigung den rechten Pfad. An einem rostigen Drahtzaun halten wir uns links und treffen auf den **Fahrweg,** der zum Joúchtas führt. Wir folgen ihm 20 m und verlassen ihn dann links auf Trittstufen. Einige Minuten darauf, wir sind bereits kurz unterhalb des Gipfels, wird der Fahrweg erneut erreicht. Hier gehen wir links und steigen auf einem Treppenweg zur **Gipfelkapelle Aféndi Christoú Metamórfosi** auf (1.10 Std.).

Spätestens jetzt entpuppt sich der Joúchtas als ein Aussichtsberg par excellence. 400 Höhenmeter erhebt sich der Gipfel über das ihn umgebende, mit Ölbäumen und Weinbergen besetzte sanft gewellte Hügelland. Vom Kirchplatz aus erblicken wir im Westen den Psi-

Sorgsam gepflegte Weinberge bei Archanes

lorítis, im Osten schauen wir auf das Díkti-Massiv, und im Süden zeigt sich die Silhouette der Asteroúsia-Berge. In ein paar Schritten ist das große Gipfelkreuz erreicht, von dem die felsige Kuppe nach Westen fast senkrecht abbricht.

Von der Kapelle aus folgen wir nun dem unbefestigten Fahrweg über den Bergrücken zu der **Sendeanlage** auf dem Nordgipfel. In einer Rechtskurve steigen wir auf einem neu angelegten Pflasterweg zum eingezäunten minoischen **Gipfelheiligtum** auf, das letzte Stück auf steinigem Pfad (1.30 Std.).

Von der Kultstätte, die zugleich den höchsten Punkt unserer Wanderung markiert, sind lediglich ein paar Fundamente und ein meterhoher Steinaltar übrig geblieben. Dafür bietet sich von der Sendeanlage aus eine grandiose Perspektive auf die nur 11 km Luftlinie entfernte Hauptstadt Iráklio, deren ausufernde Straßenschluchten sich wie Krakenarme immer weiter ins Hinterland zu fressen scheinen.

Für den Rückweg folgen wir der Schotterstraße eine Viertelstunde abwärts, um dann auf dem vom Hinweg bekannten Pfad wieder nach **Archánes** abzusteigen (2.30 Std.). Auf der Rückfahrt Richtung Norden lohnt sich für Autofahrer auf alle Fälle ein Abstecher zum minoischen Palast von Knossós.

Knossós – Palast der blauen Delfine

Der minoische Palast von Knossós (geöffnet tgl. 8—18, im Sommer bis 20 Uhr) gehört zum Pflichtprogramm einer jeden Kretareise. Die archäologische Stätte, wie sie sich heute dem Besucher zeigt, ist das Lebenswerk des englischen Archäologen Sir Arthur Evans, der zwischen 1900 und 1941 das auf über vier Etagen mit insgesamt rund 1300 Räumen verteilte Palastzentrum freilegte. Man schätzt, dass vor 3500 Jahren an die 100 000 Menschen in der minoischen Metropole lebten. Ob das Knossós der Minoer tatsächlich so ausgesehen hat wie das von Sir Arthur mit viel Fantasie und Beton aufwändig rekonstruierte heutige »archäologische Disneyland« wird von so manchem seiner Kollegen in Zweifel gezogen. Unbestritten war Knossós mit seinem eindrucksvollen Prozessionskorridor, der riesigen Schautreppe und den um den 50 mal 28 m großen Zentralhof gruppierten Wohnstätten und Magazinen sowie den berühmten Fresken (Stierspringer, Delfine) das architektonische Glanzstück von Europas erster Hochkultur.

Zum Kloster Koudoumá

Große Rundwanderung um Kapetanianá

In den kaum besiedelten Asteroúsia-Bergen sind bislang nur wenige Wanderer unterwegs, und das obwohl die Tour zum Kloster Koudoumá zu einer der eindrucksvollsten Routen Ostkretas zählt. Der Höhenweg an der Südflanke des Gebirges bietet einen wunderbaren Panoramablick auf das Libysche Meer.

DIE WANDERUNG IN KÜRZE

+++ Anspruch

7 Std. Gehzeit

1910 m An-/Abstieg

Charakter: Ausdauer erfordernde Wanderung von 22 km Länge mit langen Auf- und Abstiegen auf Schotterpisten und steinigen Pfaden

Ausrüstung: Taschenlampe für Höhlenbesichtigung; Badesachen

Einkehrmöglichkeiten: Taverne nur im Ausgangsort Kapetanianá

Anfahrt: Mit dem Pkw: Von der Straße Iráklio—Míres zweigt man in Ágii Déka nach Vagioniá ab und fährt von dort weiter über Loúkia über einen Pass bis Kapetanianá. Kurz vor dem Bergdorf geht die Teerstraße in einen Schotterweg über. An der Gabelung kurz darauf hält man sich geradeaus in Richtung Ágios Ioánnis und erreicht nach 500 m den oberen Dorfrand von Kapetanianá mit kleinem Parkplatz. Keine **Bus**anbindung.

Wir beginnen die Wanderung am Parkplatz vor dem Ortseingang von **Kapetanianá** und folgen oberhalb der ersten Häuser der Erdstraße auf den markant im Osten aufragenden Kofínas zu, dem höchsten Gipfel der Asteroúsia-Berge. An der Verzweigung nach 150 m bleiben wir auf dem oberen Weg und gelangen nach wenigen Minuten zu einem kleinen Taleinschnitt, an dem sich der Weg erneut gabelt. Hier gehen wir auf dem unteren Weg weiter. Eine rechts abgehende Piste bleibt unbeachtet, kurz darauf kommen wir an ein von Pappeln und Feigenbäumen begrüntes Tal, das sich in der ansonsten kargen Igelbuschheide wie eine Oase ausnimmt. Von hier haben wir einen schönen Blick zurück auf die beiden Dorfteile von Kapetanianá.

Unser Weg passiert rechts einen Schafpferch und läuft dann in einer weiten Rechtskurve leicht ansteigend einen **Bergrücken** hoch, auf dem die Erdstraße nach Norden (links) abknickt (1 Std.). Direkt vor dem Fuß des Kofínas schauen wir in eine kleine Talmulde hinab. Die Piste verzweigt sich hier, wir folgen etwa 50 m dem rechten Weg und steigen dann mehr oder weniger weglos in den Talgrund ab. Auf der anderen Seite des Trockenbetts können wir einen steinigen Pfad ausmachen, der sich die Südwestflanke des Kofínas

Blick vom Hügel von Festós über die Messará-Ebene auf die Asteroúsia-Berge

hochzieht. Der Pfad läuft bald leicht abwärts auf eine am Rand einer Hochfläche stehende **Vermessungssäule** zu (1.45 Std.). Von dem Aussichtspunkt bricht das Land jäh zum Libyschen Meer ab. Tief unten schauen wir auf die Halbinsel mit der Sommerkolonie Ágios Ioánnis, von der ein Fahrweg in Serpentinen nach Kapetanianá hochzieht – dies wird unser Rückweg sein. Ganz weit im Westen ragt der markante Felsen von Léndas steil aus dem Meer empor.

An dem großen Steinmännchen 40 m östlich von der Vermessungssäule beginnt der steile Abstieg zum Kloster Koudoumá, das nach wenigen Schritten erstmals ins Blickfeld rückt. Der geröllige Pfad ist mit Steinmännchen und blauen Punkten gut markiert und läuft zunächst durch Zypressen, die bald von Kalabrischen Kiefern abgelöst werden und den felsigen Südhang des Kofínas mit einem schattigen Wald überziehen.

Bald weniger steil führt der Pfad in langen Kehren zu einem parallel zum Meer verlaufenden **Küstenweg** hinab. Kurz bevor wir auf diesen treffen, ist der Weg stellenweise ausgesetzt und wir müssen verstärkt auf die blaue Markierung achten. Am Küstenweg angelangt wenden wir uns nach links und steigen an einem Marmorkreuz auf dem nun gestuften Weg zum **Moní Koudoumá** ab (3.15 Std.). Das Kloster in wunderbarer Lage am Meer wird von stattlichen Palmen eingerahmt. Drei verbliebene Mönche halten die 1895 gegründete Anlage in Schuss. Besucher sind willkommen, es gibt auch (sehr spartanische) Übernachtungsmöglichkeiten. Unterhalb der Klostermauer lädt ein Kieselstrand zu einem Bad ein.

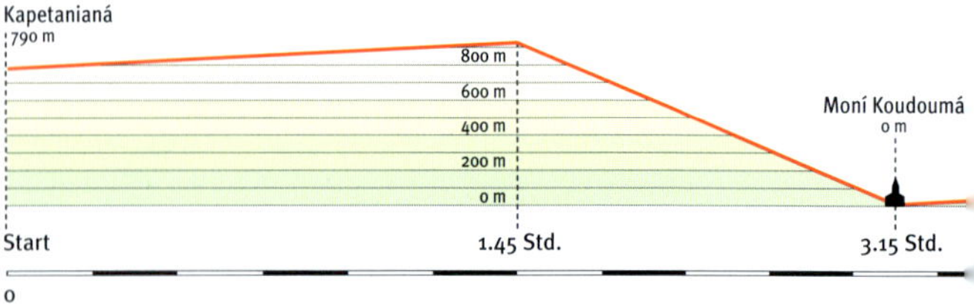

Nach ausgiebiger Rast gehen wir zum Marmorkreuz auf dem verkarsteten Küstenplateau zurück und wandern auf dem rot markierten Küstenweg nach Westen. Eine gute halbe Stunde nach Verlassen des Klosters kommen wir zu einem zweiten Marmorkreuz, an dem der Pfad hangabwärts auf eine halbrunde Felsbucht mit türkisfarbenem Wasser zuläuft. An einem weiteren Kreuz halten wir uns links weiter bergab in Richtung Meer und folgen dem Pfad unterhalb bizarrer Felsformationen zur Höhlenkapelle **Ágios Antónios** (4 Std.). Ein erhabener Anblick erwartet uns: Hinter dem wie ein Portal von einer gotischen Kathedrale geformten riesigen Höhleneingang duckt sich ein Kirchlein an den Fels. Links davon gibt es einen schmalen Durchlass, an dem man mit einer Ta-

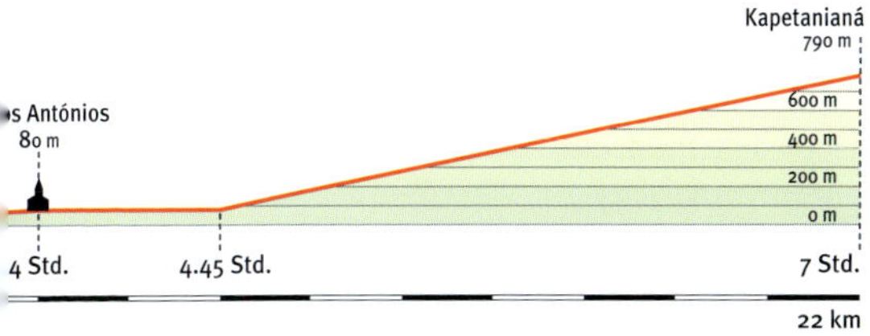

schenlampe ausgerüstet an Wasserbecken vorbei das Innere der Tropfsteinhöhle erkunden kann.

Von Ágios Antónios gehen wir auf dem Pfad bis fast zum dritten Kreuz zurück. Wir steigen jedoch nicht ganz bis zu diesem auf, sondern umlaufen etwa 40 m unterhalb davon am Rand der **Abbruchkante** die halbkreisförmige Bucht. Der zunächst wenig ausgeprägte Pfad führt nach wenigen Minuten zwischen einem Schafpferch und einem Felsentor hindurch und steigt dann parallel zur Küste leicht an.

Vor uns öffnet sich eine weitere tief eingeschnittene Bucht mit einem langen Kieselstrand. Wir steigen in die Bucht ab und hinter dem neuen runden Haus den Westhang hinauf. Oben beginnt eine breite Piste, die vorbei an Ziegenpferchen auf die auf einen Landvorsprung gesetzten Häuser zuhält. Wir treffen auf die Erdstraße, die nach **Ágios Ioánnis** hinabführt und beginnen auf ihr rechts gehend den Aufstieg nach Kapetanianá (4.45 Std.).

Der Fahrweg schlängelt sich an einer neuen Kapelle vorbei in langen Kehren auf ein kleines **Plateau** hinauf, von dem wir eine lange Schleife abkürzen können. Wieder auf der Erdstraße tauchen bald die beiden Dorfteile von Kapetanianá auf. Eine dem Erzengel Michael geweihte byzantinische Kirche wird passiert, kurz danach gabelt sich vor dem **Friedhof** die Straße. Wir folgen ihr links zum Friedhof und steigen nach 200 m rechts auf einem Pfad zum Oberdorf auf, wobei sich ein schöner Anblick auf die um die Dorfkirche gescharten Häuser des unteren Ortsteils ergibt. Auf dem bald betonierten Dorfweg erreichen wir schließlich am oberen Rand von **Kapetanianá** wieder den Parkplatz und damit den Ausgangspunkt unserer Wanderung (7 Std.).

Die Höhlenkirche am Meer

Von Tsoútsouros nach Ágios Nikitás

Tsoútsouros an Kretas unwegsamer Südküste ist ein unfertiger Ort, der noch auf seine Entdeckung wartet. Sein Kapital: viel Sonne und ein langer Kieselstrand, der von einer wachsenden Zahl von Sommergästen aufgesucht wird. Ein Küstenweg führt zu einer einsamen Höhlenkirche.

DIE WANDERUNG IN KÜRZE

\+ Anspruch

4.30 Std. Gehzeit

20 km Länge

Charakter: Einfache Wanderung auf teils steinigem Küstenweg ohne größere An- und Abstiege; kein Schatten, in den Sommermonaten Sonnenschutz und reichlich Trinkwasser mitnehmen

Einkehrmöglichkeiten: Etliche Tavernen in Tsoútsouros (viele öffnen erst ab Mai). Unterwegs keine

Anfahrt: **Mit dem Pkw** von Ágii Déka über Pírgos bis Káto Kastellianá, von dort über die gut ausgebaute Pass-Straße nach Tsoútsouros. In der Nähe der Kirche parken. Káto Kastellianá kann auch von Ierápetra (über Viánnos) angefahren werden. Mit **Bussen** besteht keine Verbindungsmöglichkeit.

Am westlichen Ortsrand von **Tsoútsouros** beginnt am Ende des langen Kieselstrandes beim letzten Haus der mit EU-Mitteln restaurierte Küstenweg nach Maridakí. Unmittelbar hinter einer Hausunterführung ge-

Die Höhlenkirche Ágios Nikitás

hen wir links die gepflasterten Stufen hinauf. Der gut ausgebaute Weg steigt sanft an und läuft parallel zum Meer unterhalb eines zerklüfteten Felsgürtels entlang. Abschüssige Stellen sind mit einem Geländer gesichert. Ein Blick zurück eröffnet die Aussicht auf die neue Hafenmole von Tsoútsouros und das Díkti-Massiv im Nordosten.

Auf dem mitunter sehr steinigen Pfad steigen wir nach **Maridakí** ab (30 Min.). Das in ein enges Tal eingepasste Minidorf mit einem kleinen Kieselstrand wird zunehmend zu einer Sommerfrische ausgebaut, weniger für Touristen als vielmehr für kretische Familien, die sich ab vom Schuss ein Zweithäuschen am Wasser leisten. In der Ortsmitte queren wir auf einer Brücke ein Bachbett und folgen nun der **breiten Erdstraße** westwärts. An einem Abzweig nach gut 5 Min. gehen wir weiter geradeaus.

Bald wird links ein Sendemast auf einem felsigen Landvorsprung passiert. Der Weg zieht sich für die nächsten anderthalb Stunden durch eine so gut wie baumlose karge Küstenlandschaft. Die mächtige Kette der fast 1 000 m hohen Asteroúsia-Berge schirmt auch im Winter den Küstenstrich von den Regenwolken aus dem Norden ab.

Auf einsamer Flur taucht vor uns die Kapelle **Ágios Stavrós** auf. Sie liegt unterhalb unseres Weges und wird erst auf dem Rückweg direkt passiert. Kurz hinter der Kapelle folgen wir an einem Straßendreieck

der Ausschilderung geradeaus in Richtung Ágios Nikitás. In einem Taleinschnitt erreichen wir 10 Min. später eine Gabelung; hier wenden wir uns links abwärts dem Meer zu und stehen wenig später am Tor von **Ágios Nikitás** (2.15 Std.). Ein betonierter Treppenweg bringt uns an den Konventgebäuden und dem Refektorium vorbei zur zugemauerten Höhlenkirche. An der Fassade über der Eingangstür ist ein Bildnis des heiligen Nikitás zu sehen. Direkt am Kirchplatz wiederum lädt eine Picknickzone zum Verweilen ein. Und im sorgsam gehegten Klostergarten unterhalb davon gedeihen Granatäpfel, Bananen, Mispeln und Zitrusfrüchte.

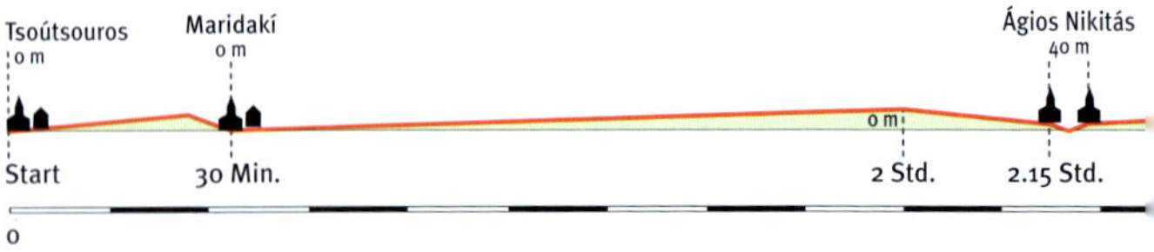

Von der Kirche aus kann man in wenigen Minuten zu einem **Kieselstrand** absteigen. Man verlässt hierzu den Klosterbezirk durch die westliche Pforte, folgt dann dem mit einem Geländer gesicherten Pfad an der Steilküste entlang und erreicht schließlich auf Betonstufen die kleine Bucht unterhalb des Klosters.

Für den Rückweg verlassen wir das Kloster wieder durch das obere Tor und biegen auf der Erdstraße nach 50 m rechts in einen zunächst etwas undeutlichen Pfad ein. Dieser schlängelt sich oberhalb der Felsenküste durch einen bizarren Felsgarten und hält auf ein siennarotes Haus zu, das einsam über einer Kiesbucht steht. Der Pfad ist hier kurzzeitig leicht abschüssig, kann aber problemlos begangen werden. Nachdem wir das Haus passiert haben, steigen wir auf nun breitem Weg zur Kapelle **Ágios Stavrós** auf (2.45 Std.). Von der Kapelle aus könnte man die 100 m weiter nördlich gelegene Erdstraße erreichen, die wir von unserem Hinweg bereits kennen. Wir folgen jedoch noch ein Stück dem alten Weg, der nach 10 Min. kurz vor dem Sendemasten in die Straße mündet. Diese bringt uns über **Maridakí** (4 Std.) wieder zurück zu unserem Ausgangspunkt **Tsoútsouros** (4.30 Std.).

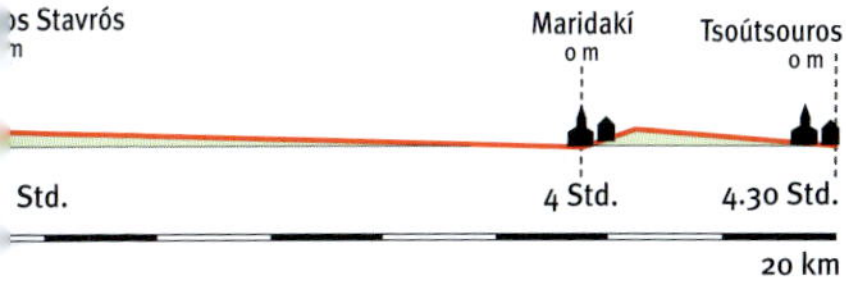

Zur Geburtshöhle von Zeus

Rundweg von Tzermiádo um das Lassíthi-Plateau

Die Hochebene von Lassíthi gehört zu den lieblichsten Kulturlandschaften Kretas. Tausende Windmühlen machten einst das fruchtbare Schwemmland am Fuße des Díkti-Massiv weithin bekannt. Einige von ihnen sind auf diesem Spaziergang noch heute zu sehen.

DIE WANDERUNG IN KÜRZE

+ Anspruch

4 Std. Gehzeit

16 km Länge

Charakter: Leichte Wanderung auf Feldwegen und kaum befahrenen Teersträßchen. Die Route ist nicht markiert, es gilt auf etliche Verzweigungen zu achten. Spektakulär gibt sich die Wanderung im April, wenn die Obstbäume in voller Blüte stehen, während die Berge noch schneebedeckt sind.

Einkehrmöglichkeiten: Tavernen im Ausgangsort, unterwegs in Psichró und Ágios Geórgios

Anfahrt: Mit dem Pkw: Von der Nordküste aus führen drei Zufahrten nach Tzermiádo auf das Lassíthi-Plateau. Sie beginnen in Chersónisou, Stalída und Ágios Nikólaos bzw. Neápoli. Im Ortszentrum von Tzermiádo kann man parken. **Mit dem Bus:** Linienbusse verkehren nach Lassíthi ein bis zwei Mal täglich ab Iráklio, Mália und Ágios Nikólaos (es empfiehlt sich, eine Übernachtung auf dem Plateau einzuplanen).

Wir beginnen die Wanderung in der Ortsmitte von **Tzermiádo** am Restaurant Kronio. Vor dem Lokal stehend schauen wir auf das Straßenschild »Iráklio 69 km«. Wir gehen jedoch in die andere Richtung, passieren nach 40 m das O.T.E.-Gebäude und treffen kurz darauf auf eine Querstraße (links weist ein Schild nach Ágios Nikólaos). Hier gehen wir rechts und verlassen an der Verzweigung nach 20 m den Ort links auf einem Sträßchen nach Südwesten. Eine stattliche Walnussbaumallee nimmt uns auf. Hinter den Bäumen liegen Kornfelder und Gemüsegärten, die ein anschauliches Bild von der intensiv betriebenen Bauernwirtschaft vermitteln.

An einer Kreuzung mit einer runden Zisterne in der Mitte gehen wir

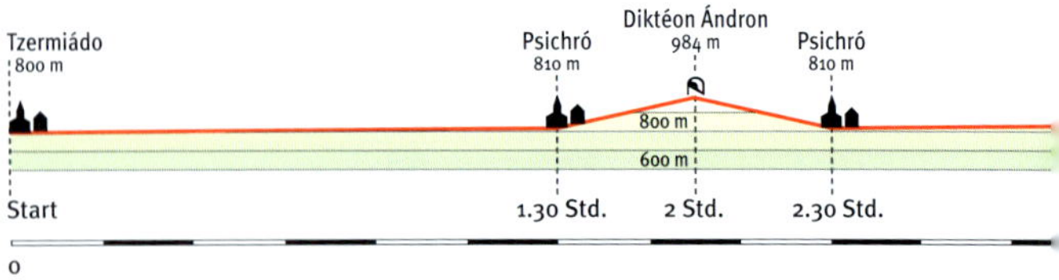

rechts und nach 15 m sofort wieder links. Gegen Südosten genießen wir die Schau auf die Doppelkuppe von Lázaros und Díkti. Bald endet der Teerbelag. Der Schotterweg schlängelt sich weiter zwischen Feldern hindurch, Windmühlen zeigen alle Formen des Verfalls – Motorpumpen haben ihre Arbeit ersetzt. Links begleitet uns ein breites Bachbett. An einer Kreuzung wird dieses auf einer Betonbrücke gequert. An der Verzweigung 50 m dahinter wählen wir an einem Häuschen den rechten Weg. 10 Min. später gehen wir an einer Kreuzung links und halten nun genau auf den Díkti zu. Wir sind bereits mitten im Zentrum der Ebene angekommen. Je nach Jahreszeit sieht man fleißige Hände die Felder bestellen oder die Ernte einbringen.

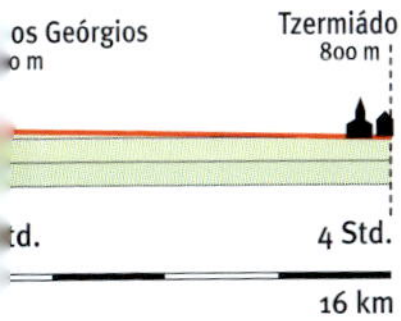

Etliche weitere und relativ kurz aufeinander folgende Verzweigungen verlangen unsere Aufmerksamkeit. Gut 200 m rechts vom Weg steht eine Kapelle, die wir passieren. Ab hier ist der Weg wieder ein kurzes Stück asphaltiert. 40 m darauf geht es über eine Kreuzung hinweg und einige Minuten später vor einem Bewässerungsgraben rechts in einen Feldweg hinein. An der übernächsten Kreuzung wenden wir uns nach links wieder dem Díkti zu und treffen 5 Min. darauf auf einen Querweg, dem wir rechts bis zu einer weiteren Betonbrücke folgen. Zwischen zwei Windmühlen gehen wir hier links und erreichen an einem Partisanendenkmal den Ortsrand von **Psichró** (1.30 Std.).

Hinter dem Denkmal folgen wir dem Teersträßchen rechts in den Ort hinein und treffen vor einem Kafeníon auf die Ringstraße. Wir wenden uns nach rechts und gehen – vorbei an den beiden touristisch herausgeputzten Tavernen Platanos und O Stavrós – zur Kirche. Dort führt ein anfangs gepflasterter Weg zum Ortsrand hinauf. An den obersten Häusern gehen wir auf dem betonierten Querweg rechts und kreuzen eine Straße. Der nun wieder gepflasterte Weg bringt uns zum **Parkplatz** unterhalb der Diktäischen Höhle.

Sofern es noch früh am Morgen ist, sind die Tavernen und Souvenirläden noch nicht überfüllt. Ab der Mittagszeit dagegen ist der Platz von Rundfahrtenbussen voll in Beschlag genommen und der gestufte Pflasterweg hinauf zur Zeushöhle **Diktéon Ándron** (2 Std.) wird dann zum meist begangenen Wanderweg Kretas. Vom Kassenhäuschen vor der Tropfsteinhöhle bietet sich ein weiter Blick über die Ebene auf unseren Ausgangspunkt Tzermiádo und die sich darüber erhebende Seléna-Gruppe.

Nach Besichtigung der Diktäischen Höhle gehen wir auf demselben Weg zum **Partisanendenkmal** am Ortsrand von Psichró zurück. Von hier folgen wir nun immer geradeaus dem Feldweg nach Osten, wobei die Dörfer Magoúlas und Kamináki am Südrand der Ebene rechts liegen gelassen werden. Kartoffeläcker und Getreidefelder wechseln sich mit Weingärten ab. Der wieder kurzzeitig geteerte Weg mündet am Ortseingang von **Ágios Geórgios** auf die Hauptstraße (3 Std.). Dieser folgen wir geradeaus und gehen am Hotel Rea und dem interessanten Folkoremuseum vorbei bis zur großen byzantinischen Kirche. An der Kirche weist ein Wegweiser zur »Cave of Psichró« in die Richtung, aus der wir herkommen. Hier biegen wir scharf links in ein leicht bergab laufendes Sträßchen ein. In Höhe des Hotels Maria kreuzen wir eine Teerstraße, queren auf einer Brücke einen Graben und folgen dem Schotterweg geradeaus in die Ebene. Zur Rechten erhebt sich ein wie ein Kamelhöcker geformter Bergrücken, an dessen Flanke sich ein Steinbruch befindet. An der Verzweigung gut 50 m hinter dem zweiten Zufahrtsweg zum Steinbruch halten wir uns rechts. Versteckt hinter Walnussbäumen befindet sich rechts vom Weg eine kleine Kapelle. Der Weg schlängelt sich durch eine kleinteilige Kulturlandschaft auf die bald sichtbaren Häuser von Tzermiádo zu. Immer auf dem Hauptweg bleibend treffen wir am Ortsrand von **Tzermiádo** auf die Dorfstraße, auf der wir links wieder das Restaurant Kronio erreichen (4 Std.).

Tropfsteinhöhle von Psichró

Die Diktäische Höhle gehört zu den größten Touristenattraktionen Kretas. Trotz des Rummels lohnt der Abstieg zu dem 80 m tief unter der Erde gelegenen Höhlengrund. Vorbei an mächtigen Tropfsteinen führt eine Betontreppe zu einem kleinen See hinab. Dem Mythos nach soll in der Grotte Zeus geboren worden sein. Mutter Rhea fand hier einen sicheren Platz vor dem seine Kinder verschlingenden Vater Kronos. Eine Milchziege soll als Amme gedient haben. Und wenn der Säugling einmal schrie, versuchten die Kureten mit Waffenlärm das Weinen zu übertönen, damit Kronos das Versteck nicht fand. Als gesichert gilt, dass die Höhle den Minoern bekannt war: Sie huldigten dort bereits im 2. Jt. v. Chr. ihren Göttern. Wiederentdeckt wurde die Grotte erst 1883. Die ausgegrabenen Funde sind im Archäologischen Museum in Iráklio zu bewundern.

Auf den buckligen »Nagel«

Von Tzermiádo auf den Karfí

Vom Hauptort des Lassíthi-Plateaus führt eine relativ leichte Bergtour auf den nördlich der Ebene aufragenden Karfí (dt. Nagel). Nahe des Aussichtsgipfels finden sich die Ruinen einer 3000 Jahre alten spätminoischen Bergsiedlung.

DIE WANDERUNG IN KÜRZE

+ Anspruch

3 Std. Gehzeit

8 km Länge

Charakter: Einfache Bergtour auf altem Pflasterweg und gut ausgebauten Pfaden, das letzte Stück auf einer Schotterpiste

Einkehrmöglichkeiten: Nur im Ausgangsort Tzermiádo.

Anfahrt: Mit dem Pkw: Von der Nordküste aus führen drei kurvige Zufahrten nach Tzermiádo auf das Lassíthi-Plateau. Sie beginnen in Chersónisou, Stalída und Ágios Nikólaos bzw. Neápoli. Im Ortszentrum am Restaurant Kronio parken. **Mit dem Bus:** Linienbusse verkehren nach Lassíthi ein bis zwei Mal täglich ab Iráklio, Mália und Ágios Nikólaos (es empfiehlt sich, eine Übernachtung auf dem Plateau einzuplanen).

In **Tzermiádo** beginnen wir die Wanderung am Restaurant Kronio und verlassen den Ort auf der Landstraße in Richtung Iráklio. Nach etwa 600 m passieren wir einen nach rechts abgehenden und mit »Arqueological Site/Timíos Stavrós Church« ausgeschilderten Fahrweg – auf diesem Weg werden wir am Ende der Rundtour zurückkommen. Wir folgen der Hauptstraße noch 400 m weiter, bis an einer überdachten Holztafel rechts ein Feldweg abzweigt. Dieser läuft am Rande der Ebene auf **Stallungen** zu.

Hinter einem rostigen Eisentor nimmt uns oberhalb der Viehställe ein anfangs schmaler, bald breiterer Pflasterweg auf. Der Weg läuft ein lichtes Wäldchen aus genügsamen Kermeseichen hinauf, die selbst auf den von Felsbrocken übersäten Hängen ausreichend Lebensraum finden.

Eine Viertelstunde nachdem wir die Stallungen passiert haben, wird ein Pfad gekreuzt, an dem eine blaue Pfeilmarkierung rechts bergan zeigt. Wir folgen jedoch dem Pflasterweg geradeaus und treffen 100 m darauf auf ein Gatter und eine schwarz-orange gestreifte Metallstange mit 02-Markierung. Der Pflasterweg läuft rechts haltend weiter aufwärts und ist jetzt mit blauen Pfeilen markiert, die in die Richtung zeigen, aus der wir kommen.

Wir wandern zu einer Einsattelung mit einer Reihe alter **Windmühlen,** von denen nur noch die Stümpfe erhalten sind (1 Std.). Von dort ergibt sich eine weite Aussicht auf das Psi-

lorítis-Massiv im Westen. Die Kreter legten den Pflasterweg allerdings nicht wegen des Panoramas an. Auf dem Weg wurde früher auf dem Rücken von Maultieren in der Ebene angebautes Korn transportiert, um es in den Mühlen zu mahlen.

Im Sattel mündet der Pflasterweg auf einen breiten Erdweg (02-Markierung). Wir steigen jedoch bereits 20 m vorher rechts einen rot markierten Pfad auf. Der schön angelegte meterbreite Wanderweg zieht sich teils auf Trittstufen den Hang hoch. Bald taucht vor uns der markante Doppelgipfel des 1148 m hohen Karfí auf, rechter Hand schauen wir auf die sanft gerundeten Kuppen der Seléna.

Kurz unterhalb des Gipfels gabelt sich der Pfad. Geradeaus haltend erreichen wir mehr oder weniger weglos an Mauerresten vorbei in wenigen Schritten die Vermessungssäule auf dem von einem Felskranz eingefassten Gipfel des **Karfí** (1.30 Std.). Das Panorama reicht über die unter uns gelegene Stadt Kastélli hinweg bis weit in den Inselwesten. An der Nordküste schauen wir auf die ausufernde Ferienstadt Liménas Chersónisou, hinter der sich die In-

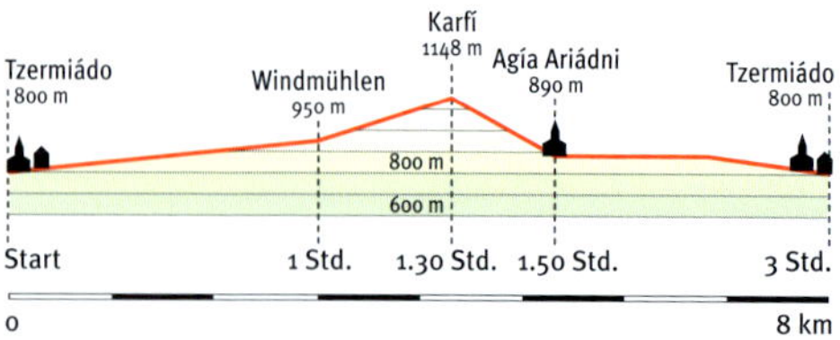

sel Nísi Día aus dem Kretischen Meer abhebt. Archäologische Spurensucher können zu den Ruinen der spätminoischen Siedlung absteigen, sie befindet sich in der Einsattelung zwischen den beiden Gipfeln. In diese schwer zugängliche Fluchtsiedlung aus dem 12. Jh. v. Chr. zogen sich die Minoer vor den dorischen Eroberern zurück.

Vom Gipfel gehen wir zur Gabelung kurz unterhalb der Mauerreste zurück und steigen nun links auf dem aussichtsreichen Pfad zur Hochebene **Níssimos** ab. Von der Kapelle **Agía Ariádni** am Rande der Ebene queren wir auf einem Feldweg das Plateau (1.50 Std.). Gut 5 Min. nach Erreichen der Kapelle wenden wir uns auf einem Querweg nach rechts (links geht es nach Krássi) und passieren kurz darauf den links zur Kirche Timíos Stavrós hinaufführenden Fahrweg.

Am Südrand von Níssimos beginnt nun der Abstieg in die Lassíthi-Ebene (2.20 Std.). Der unbefestigte Fahrweg schlängelt sich in Kehren abwärts und bietet dabei herrliche Ausblicke auf das Díkti-Massiv. Der Schotterweg mündet schließlich in die Landstraße, auf der wir links wieder **Tzermiádo** und unseren Ausgangspunkt erreichen (3 Std.).

Markant ragt der Buckel des Karfí aus der Bergumfassung der Lassíthi-Ebene heraus.

Zur dicksten Inselplatane

Von Lassíthi über die Ebene von Níssimos nach Krássi

Die Platane von Krássi hat es angesichts ihrer Fülle zu einer botanischen Berühmtheit gebracht. Zwölf Menschen bedarf es, um den im Umfang 16 m dicken Stamm zu umspannen. Vom Lassíthi-Plateau führt ein aussichtsreicher Weg zu dem Naturwunder.

DIE WANDERUNG IN KÜRZE

++ Anspruch

5 Std. Gehzeit

1300 m An-/Abstieg

Charakter: 14 km lange Wanderung auf überwiegend bequem begehbaren Schotterwegen, doch mit einem kurzen sehr steilen Abstieg, bei dem an einem Felsabbruch die Hände zu Hilfe genommen werden müssen.

Einkehrmöglichkeiten: Taverne Platanos in Krássi sowie diverse Einkehrmöglichkeiten im Ausgangsort

Anfahrt: Mit dem Pkw: Von der Nordküste aus führen drei kurvige Zufahrten nach Tzermiádo auf das Lassíthi-Plateau. Sie beginnen in Chersónisou, Stalída und Ágios Nikólaos bzw. Neápoli. Im Ortszentrum von Tzermiádo parken. **Mit dem Bus:** Linienbusse verkehren nach Lassíthi ein bis zwei Mal täglich ab Iráklio, Mália und Ágios Nikólaos (es empfiehlt sich, eine Übernachtung auf dem Plateau einzuplanen).

Unsere Wanderung beginnt in der Ortsmitte von **Tzermiádo.** Am Restaurant Kronio folgen wir der Straße in Richtung Iráklio. Nach 600 m (Autofahrer können hier parken) biegen wir rechts in eine mit »Archeological Site« ausgeschilderte Schotterpiste ein, die in Schleifen am Nordrand des Lassíthi-Plateaus den Berg hochzieht. Mit zunehmender Höhe ergibt sich über die flach wie ein Bügelbrett ausgebreitete Ebene hinweg ein bezaubernder Ausblick auf die Gipfel von Díkti und Lázaros. Östlich über uns thront auf einer Anhöhe die von einer weißen Mauer eingefasste Kapelle Timíos Stavrós.

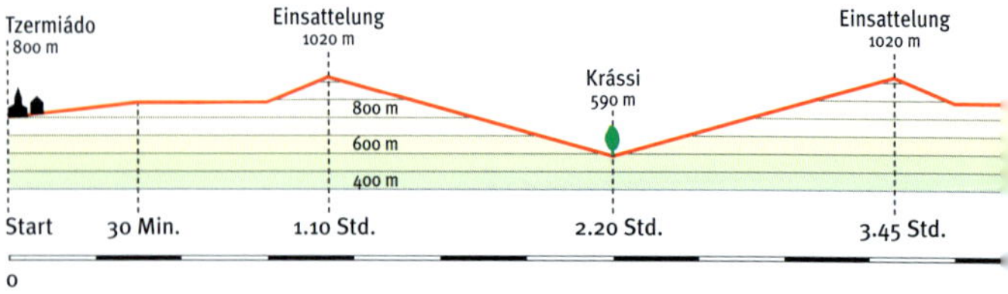

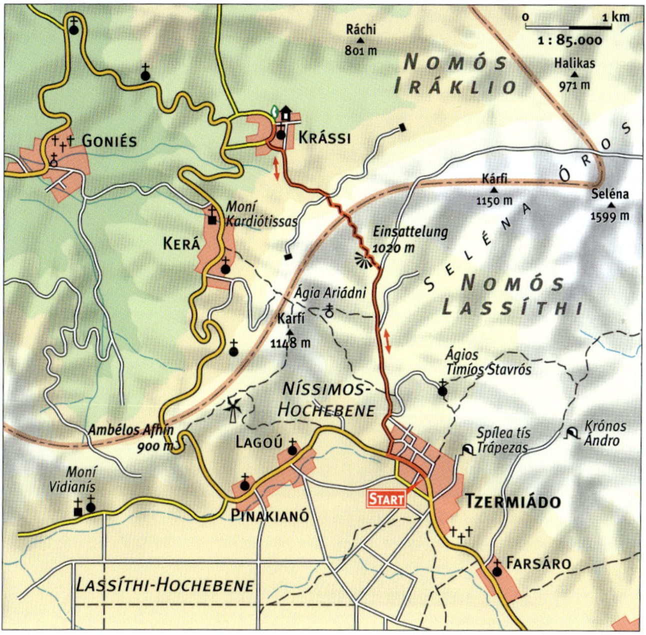

Wir erreichen die Hochebene von **Níssimos,** die sozusagen eine Etage über der von Lassíthi liegt (30 Min.). Gegen Nordwesten begrenzen die steinigen Flanken der Seléna-Gruppe das unbewohnte Plateau. Die rechter Hand liegende holprige Zufahrt zur Kapelle Timíos Stavrós wird passiert, kurz darauf lassen wir den Abzweig zum Karfí links liegen und halten die Ebene querend leicht rechts auf eine Einsattelung in dem Bergkranz zu. Auf halber Strecke bleibt ein rechts abgehender Feldweg unbeachtet. Die Schotterstraße endet an einem kreisrunden Platz am Nordrand der Níssimos-Hochebene; das Gelände wird hier bedauerlicherweise als wilde Müllkippe genutzt. Ein rotbraun eingefärbter Steig bringt uns über verkarsteten Fels und an ein paar verstreut stehenden Eichen vorbei in 20 Minuten zur **Einsattelung** hinauf (1.10 Std.). Im Frühsommer sind die Hänge von blühendem Stechginster überzogen.

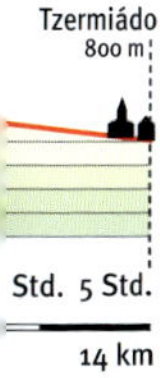

Die Nordküste vor Augen halten wir uns 2 Min. hinter dem Sattel leicht links (rechts führt ein Pfad nach Vrachási) und gehen auf weiterhin deutlich ausgeprägtem Pfad in eine grüne Mulde hinab. Nach kurzem Gegenanstieg beginnt bald der Abstieg. Sogleich gilt es, mit einer leichten Klettereinlage ein 3 m hohes Steilstück zu überwinden. Der

Die Platane von Krassi bringt es auf einen Stammumfang von 16 Metern. In direkter Nähe zum Baumgiganten befinden sich eine Taverne und ein Brunnen mit ›Heilwasser‹.

geröllige Pfad läuft nun ziemlich steil einen Eichenwald hinab. Die Äste der Bäume spannen sich dicht über den Weg, sodass wir ab und an den Kopf einziehen müssen. Quer verlaufende Ziegenpfade machen die Orientierung kurzzeitig ein wenig schwierig; wir halten uns immer geradeaus abwärts.

Unter einer mächtigen Steineiche erreichen wir einen **Ziegenstall.** Das steilste Wegstück liegt jetzt hinter uns. Der Wald tritt zurück, unterhalb von Viehtränken beginnt eine Piste, die durch ausgedehnte Ginsterbestände weiter bergab läuft. Auch Zistrosen und aromatisch duftender Salbei fühlen sich hier sichtlich wohl. Hinter einem Gatter schauen wir auf das tief unten gelegene Krássi hinab. Auf der Höhe eines terrassierten Hanges wird für einen kurzen Moment der Blick auf den Sendemasten des Aféndis frei, und links über uns zeigt sich der bucklige Gipfel des Karfí.

Etwa 4 Min. nach Passieren eines zweiten Gatters verzweigt sich der Schotterweg. Wir halten uns rechts und umgehen einen felsigen Bergrücken. An einem Wasserwerk geht es kurz steil bergab zum Ortseingang von **Krássi.** Wir treffen auf eine Teerstraße, biegen nach rechts ab und erreichen nach 50 m die riesige **Platane von Krássi** (2.20 Std.). Der beachtliche Stammumfang des Baumgiganten wäre einen Eintrag ins Guiness-Buch der Rekorde wert. Direkt unter dem betagten Baum lädt ein Terrassenlokal zur Rast ein. Gegenüber davon befindet sich ein dreibogiger venezianischer Brunnen. Dem Quellwasser werden heilende Kräfte nachgesagt – die Kreter füllen es gleich kanisterweise ab. Vielleicht hat ja das gesunde Wasser zum Gedeihen der Platane beigetragen.

Auf gleichem Weg wandern wir wieder auf das Lassíthi-Plateau zurück und erreichen unseren Ausgangspunkt **Tzermiádo** (5 Std.).

Der Berg der Mondgöttin

Von Tzermiádo auf die Seléna

Die Seléna markiert den höchsten Gipfel an der Nordumrandung der Lassíthi-Ebene. Der Name des markanten Kalkgipfels wird auf die alte dorische Bezeichnung für Mondgöttin zurückgeführt. Dank der frei stehenden Lage bietet sich von dem Aussichtsberg ein weites Inselpanorama.

DIE WANDERUNG IN KÜRZE

+++ Anspruch

6 Std. Gehzeit

1600 m An-/Abstieg

Charakter: Die Wanderung über eine Strecke von 16 km ist ambitionierten Bergwanderern vorbehalten, die sich in stellenweise weglosem Gelände orientieren können. Der Aufstieg gestaltet sich als eine überaus steinige Angelegenheit.

Ausrüstung: Fernglas zur Vogelbeobachtung

Einkehrmöglichkeiten: Etliche Kaffeehäuser und Tavernen In Tzermiádo; unterwegs keine

Anfahrt: Mit dem Pkw: Von der Nordküste aus führen drei kurvige Zufahrten nach Tzermiádo auf das Lassíthi-Plateau. Sie beginnen in Chersónisou, Stalída und Ágios Nikólaos bzw. Neápoli. Im Ortszentrum von Tzermiádo kann man parken. **Mit dem Bus:** Linienbusse verkehren nach Lassíthi ein bis zwei Mal täglich ab Iráklio, Mália und Ágios Nikólaos (es empfiehlt sich, eine Übernachtung auf dem Plateau einzuplanen).

Vom Restaurant Kronio in **Tzermiádo** folgen wir zunächst ein kurzes Stück der Hauptstraße in Richtung Iráklio. Wir passieren den ausgeschilderten Abzweig zur Trápeza-Höhle und biegen 20 m weiter rechts in ein Sträßchen ab, das sich bereits nach wenigen Schritten teilt. Links läuft ein Betonweg aufwärts, wir gehen jedoch auf dem Teersträßchen rechts zum Ortsausgang bis zu einer **Kirche** mit drei Glocken im Giebel. Direkt gegenüber davon beginnt ein Betonweg, dem wir folgen. Dieser trifft nach 20 m auf einen markanten Felsen, führt rechts an diesem vorbei und mündet am nördlichen Ortsrand in eine Teerstraße.

Wir überqueren die Teerstraße und gehen geradeaus auf einem Feldweg bergauf. Nach etwa 60 m achten wir in einer Rechtskehre auf eine hellrote Punktmarkierung und steigen links einen unscheinbaren Trampelpfad hoch. Die Markierung leitet uns über einen Feldweg und Terrassen ein kleines Tal hinauf. Auf der Anhöhe vor uns können wir bald das große weiße Kreuz von einer Kirche sehen.

Der steinige Steig zieht durch Weidegrund den Taleinschnitt hoch und

Ein kaum auszumachender steiniger Pfad führt zum sanft geschwungenen Thron der Mondgöttin hinauf.

erreicht schließlich am Kreuz die eingezäunte Kapelle **Timíos Stavrós** (30 Min.). Von dem Kirchplatz aus genießt man eines der schönsten Panoramen auf das Lassíthi-Plateau und die im Süden aufragenden Gipfel von Díkti und Lázaros. Im Nordosten erhebt sich bereits zum Greifen nahe unser Wanderziel, das Seléna-Massiv mit seinen sanft gerundeten Gipfelkuppen. Zur Orientierung prägen wir uns die Einsattelung rechts unterhalb des Doppelgipfels ein, von der wir über den Südostgrat zum Hauptgipfel aufsteigen werden. Unterhalb des Sattels hebt sich im Frühjahr eine grüne Wiese von der kargen Steinwüste ab, rechts über der Einsattelung kann man mit gutem Auge drei Steinhütten ausmachen.

Wir verlassen Timíos Stavrós auf dem breiten Zufahrtsweg durch ein Tor und erreichen nach knapp 200 m eine zweite Umzäunung. Wir gehen durch das Metalltor und öffnen den mit einem Drahtstück rechts am Tor befestigten Zaun. Über den Pistenaushub halten wir auf eine etwa 25 x 10 m große ebene Fläche vor uns zu, die am linken Rand von einer verfallenen Lesesteinmauer begrenzt wird. Links der Mauer können wir einen ersten roten Markierungspunkt entdecken. Wir gehen an der Mauer und in deren Verlängerung an einem hangaufwärts laufenden Zaun entlang.

Nach einigen Minuten knickt der Zaun nach rechts ab, wir laufen geradeaus weiter und orientieren uns an der nächsten roten Markierung gut 50 m vor uns. Die roten Punkte werden uns bis fast zum Gipfel durch die unwirtliche Karstlandschaft leiten. Da die Punkte weit auseinander liegen, gilt es, ständig nach ihnen Ausschau zu halten.

Die Timíos Stavrós-Kirche immer im Rücken geht es zunächst am Rand eines kleinen Tales mit **aufge-**

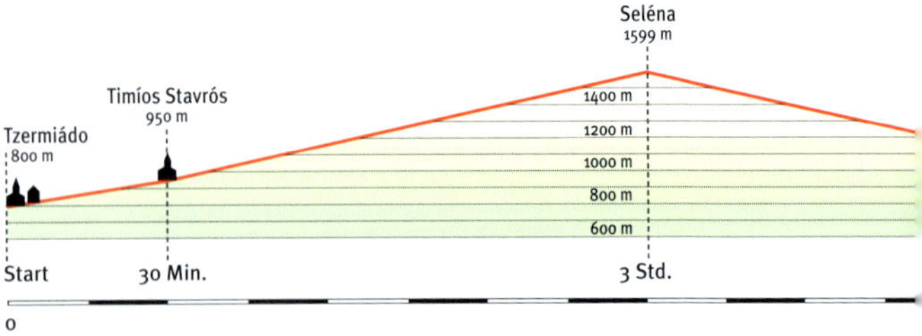

lassenen Terrassen entlang. Wir queren die Talsenke am nördlichen Rand und steigen auf der anderen Seite einen felsigen Hang hinauf. Zur Linken öffnet sich ein zweites Tal, dessen Westseite eine felsige Karstwand begrenzt. Wir gehen in das Tal hinab, durchqueren es der Länge nach und steigen wiederum steil eine felsige Anhöhe hinauf. Im Westen haben wir nun einen schönen Ausblick auf die Ebene von Níssimos mit der Kapelle Agía Ariádni.

Auf der **Anhöhe** treffen wir auf Mauerreste, an denen von rechts ein Pfad in unseren Steig mündet. Wir halten uns links und arbeiten uns auf relativ ausgeprägtem Pfad schräg die Südflanke der Seléna zu der eingangs erwähnten **Einsattelung** hoch (2 Std.). Im Sattel stoßen wir auf einen Feldweg, der zu den drei Hirtenunterständen rechts über uns führt. Wir gehen auf dem Feldweg jedoch ein paar Schritte auf eine etwa 60 m unter uns gelegene Kapelle zu, um dann links den Markierungen folgend über den Südostgrat den Gipfelanstieg zu beginnen. Der Steig lauft meist ein Stück links unterhalb des felsigen Grates entlang.

Bald hört die Markierung auf, doch der steinige Weg ist eindeutig: Im Zickzack geht es zum Hauptgipfel der **Seléna** hinauf (3 Std.). Was erwartet uns nun nach der anstrengenden Kraxelei? Ein Panorama,

das schlichtweg grandios ist! An dem anderthalb Meter hohen aufgeschütteten Steinhaufen, der den Gipfel markiert, stehen wir nun fast auf Augenhöhe mit dem massigen Díkti-Massiv, das im Süden das Lassíthi-Plateau abschließt. Ganz weit im Westen erhebt sich der Psilorítis, Kretas höchster Gipfel. Im Osten liegen die vom Aféndis Stavroménos dominierten Thriptí-Berge.

Der Abstieg führt uns auf dem gleichem Weg zurück zum Metalltor nahe der Kapelle **Tímíos Stavrós** (5 Std.). Genug von der mühsam begehbaren Karstwüste folgen wir nun rechts der bequemen Schotterstraße in die Hochebene von **Níssimos** hinab (5.20 Std.). Am Wegdreieck am Südrand der Ebene wandern wir links auf dem breiten Fahrweg in die Lassíthi-Ebene hinab und treffen am Ortseingang von **Tzermiádo** auf die Hauptstraße, auf der – links gehend – nach 10 Min. die Ortsmitte erreicht wird (6 Std.).

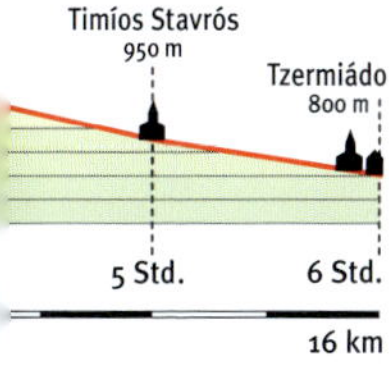

Steinige Gipfeltour

Von Koudoumaliá auf den Díkti

Neben dem Psilorítis im Zentralmassiv stellt im Osten Kretas der lange Anstieg auf den Díkti die größte Herausforderung für Bergwanderer dar. Inmitten der herben Bergwelt liegt die lieblich anmutende Hochebene Limnakarou. Eine alpine Gebirgstour der Superlative!

DIE WANDERUNG IN KÜRZE

+++ Anspruch

9 Std. Gehzeit

2600 m An-/Abstieg

Charakter: Anspruchsvoller und langer Aufstieg auf den höchsten Gipfel der Díkti-Berge. Bis zur Einsattelung auf knapp 1 600 m Höhe folgt die Route dem gut markierten E 4, dann steiler Steig durch alpine Gebirgskulisse. Nur während der schneefreien Monate Juni bis Oktober zu empfehlen. So gut wie kein Schatten

Einkehrmöglichkeiten: Keine

Anfahrt: Mit dem Pkw: Über die Zufahrtsstraßen von der Nordküste auf die Lassíthi-Ebene nach Ágios Geórgios und von dort einen Kilometer weiter bis Koudoumaliá. **Busse** nach Lassíthi fahren ab Iráklio, Mália und Ágios Nikólaos zweimal täglich.

Hinweis: Bei dieser langen Tour empfiehlt es sich, in der Lassíthi-Ebene zu übernachten. Bester Ausgangspunkt sind die beiden unter gleichem Management stehenden Mittelklassehotels Maria und Rea, Tel. 28 44 03 12 09, im Nachbardorf Ágios Geórgios.

Wir beginnen die Tour in **Koudoumaliá** an dem ehemaligen Kafeníon an der Dorfstraße. Ein anfangs betonierter Weg läuft südlich der Straße leicht bergan zwischen ein paar Häusern aus dem kleinen Ort hinaus und berührt nach 150 m einen Feldweg. Wir bleiben auf unserem Weg und

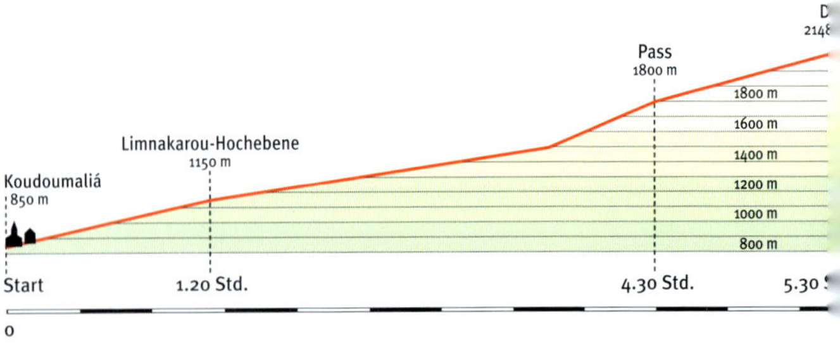

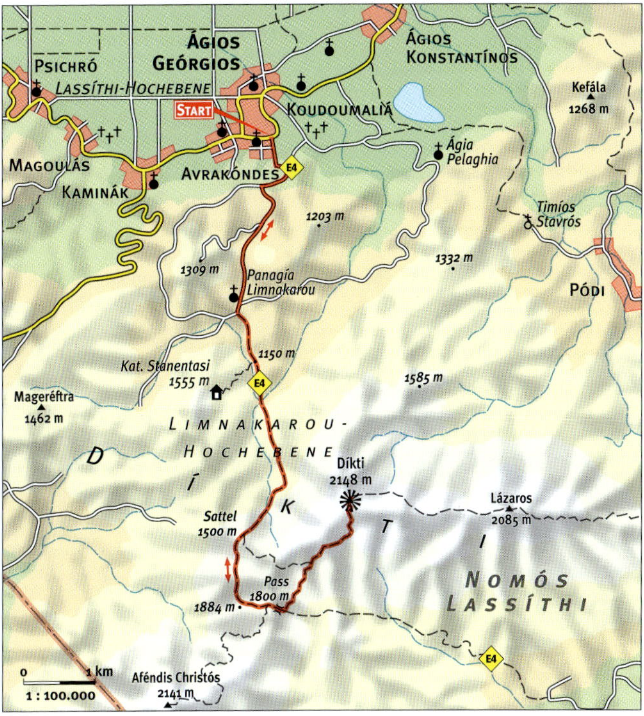

biegen 20 m darauf an einer meterhohen Steinmauer links in einen hangaufwärts laufenden Pfad ab. Eine E 4-Stange zeigt an, dass wir auf dem richtigen Weg sind. Der Pfad trifft vor einem lang gestreckten Stallgebäude auf einen Feldweg, der eine Minute später an einem Gatter in einen Schotterweg mündet. Diesem folgen wir an den Stallungen vorbei links bergauf und biegen nach 150 m in einen felsigen Steig ein. E 4-Markierungen leiten uns den Hang hoch, nach gut 10 Min. erreichen wir wieder den Schotterweg. Wir folgen ihm 20 m nach links, um dann wieder den Pfad aufzunehmen, der nun deutlich ausgeprägt in Keh-

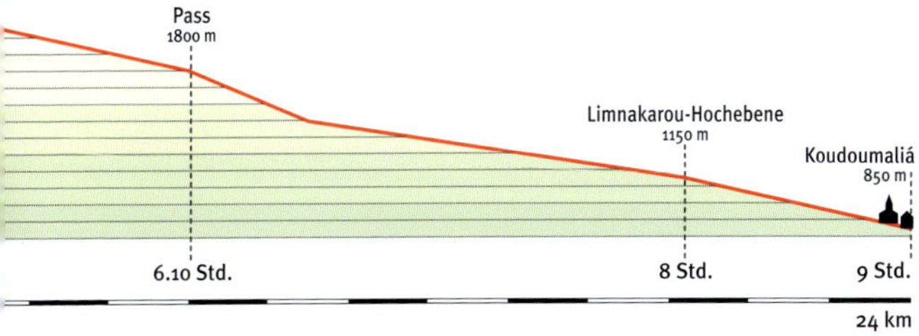

ren auf eine kleine **Hochebene** zieht. Von hier genießen wir die Aussicht auf die am Rande des Lassíthi-Plateaus gelegenen Dörfer Ágios Geórgios und Tzermiádo; hinter letzterem ragen schroff die Seléna-Berge auf.

Mit Blick auf den wie eine Pyramide geformten Gipfelaufbau des Díkti queren wir auf einem erholsamen Flachstück die Ebene und treffen – wieder ansteigend – erneut auf den Schotterweg. Diesem links folgend bietet sich sogleich ein schönes Panorama hinab auf die **Limnakarou-Hochebene** am Fuß des Díkti. Mit grünen Weiden, Walnuss- und Obstbäumen bildet sie einen lieblichen Kontrast inmitten der herben Gebirgsszenerie.

Der Schotterweg bringt uns an einem schmucken Gehöft vorbei ins Zentrum der Ebene zur **Panagía Limnakarou** (1.20 Std.). Kurz hinter der Kapelle halten wir uns an einer Gabelung hinter einem Gatter links. Wir passieren ein auf einer felsigen Anhöhe stehendes weiteres Anwesen, das von kläffenden Hunden wie eine Burg verteidigt wird.

Der Schotterweg geht allmählich in einen steinigen Pfad über, der in einen von einem riesigen Schuttfeld gefüllten Taleinschnitt läuft. Links neben uns ragt die mächtige Wand des Díkti auf. Nachdem das Geröllfeld hinter uns liegt, wird die Talsohle gequert. Das Tal teilt sich, unser Saumpfad zieht auf dem Rücken zwischen den beiden Einschnitten im Zickzack zu einem **Sattel** hinauf (3 Std.). Links weisen Steinmännchen und Markierungen auf den extrem steilen Westgrat des Díkti, wir wählen jedoch den bequemeren Weg geradeaus auf dem weiterhin gut markierten E 4-Weg. Bevor der Weg wieder ansteigt, wird vor einer felsigen Bergkuppe eine Senke durchlaufen. Anspruchslose Dornengewächse, die kaum über Kniehöhe hinauskommen, ducken sich Schutz suchend an den Boden. Sobald wir wieder an Höhe gewinnen, wird der Blick auf die Südküste frei, im Westen ragt das Psiloríitis-Massiv wie eine Insel aus der oft diesigen Ebene heraus. Vor uns zeigt sich mit gleich mehreren Gipfeln die Aféndis Christós-Gruppe.

Der Steig wird alpiner und steiniger. Auf den Fels gemalte Pfeile signalisieren rechts den Aufstiegspfad zum Aféndis Christós (vgl. Tour 19). Wir folgen dem Fernwanderweg über die **Passhöhe** (1800 m; 4.30 Std.) noch drei Markierungsstangen weiter bis zu einer auf einer felsigen Anhöhe stehenden Eisenstange ohne E 4-Zeichen. Hier heißt es nun aufgepasst: Die E 4-Route zieht rechts nach Selákano hinab. Wir schauen geradeaus auf den Díkti und benötigen nun etwas Gespür, um den mit Steinmännchen markierten Weg zu orten, der genau auf den Gipfel zuhält. Je höher wir kommen, desto besser ist unser Steig ausgeprägt. Der mühevolle Anstieg bringt uns zu einem Abzweig mit einem halben Dutzend großer Steinmänner. Wir gehen links und steigen noch eine Spur steiler zum felsigen Westgrat auf. Bald nur noch mäßig ansteigend erreichen wir am senkrecht abfallenden Grat entlang den quadratischen Vermessungspunkt auf dem Gipfel des **Díkti** (5.30 Std.). Ein mit Steinen aufgeschichteter Windschutz erlaubt auch bei steifer Brise das einmalige Panorama auf die Nachbargipfel Lázaros und Aféndis Christós sowie hinab zu den Treibhauskulturen von Ierápetra an der Südküste.

Nach einer ausgiebigen Schau steigen wir wieder auf demselben Weg nach **Koudoumaliá** (9 Std.) ab.

Lassíthis kleine Schwester

Von Ágios Konstantínos auf die Katharó-Hochebene

Gut 300 Höhenmeter über Lassíthi macht sich am Fuß des Díkti-Massivs eine weitere harmonisch in die Bergwelt eingepasste Hochebene breit. Ein abwechslungsreicher Rundweg verbindet die beiden fruchtbaren Plateaus miteinander.

DIE WANDERUNG IN KÜRZE

++ Anspruch

7 Std. Gehzeit

22 km Länge

Charakter: Die ausgedehnte Rundtour setzt sowohl beim Aufstieg als auch beim Abstieg ein gutes Orientierungsvermögen voraus; ein Teil der Route führt weglos durch offenes Gelände.

Einkehrmöglichkeiten: Taverne Zerbas in Avdeliákos. Café im Ausgangsort

Anfahrt: Mit dem Pkw: Über die kurvigen Zufahrtsstraßen auf die Lassíthi-Ebene nach Ágios Konstantínos. Im Dorf in der Nähe der Kirche parken. **Busse** nach Lassíthi fahren ab Iráklio, Mália und Ágios Nikólaos zweimal täglich.

Variante: Sofern man den Abstecher nach Avdeliákos weglässt, verkürzt sich die Tour auf 5.30 Std.

Von der Dorfstraße in **Ágios Konstantínos** biegen wir an dem kleinen Spielplatz neben der Kirche in ein Teersträßchen ein. Dieses schwenkt nach 15 m nach rechts, 200 m weiter verlassen wir es vor dem Ortsendeschild links in einen Schotterweg. Immer geradeaus haltend bringt uns dieser zur Kapelle **Agía Pelega** (30 Min.). An einer Markierungsstange mit einer 03-Raute gehen wir geradeaus an der Kapelle vorbei in einen Eichenwald hinein.

Der Feldweg verjüngt sich zu einem Pfad. Teils erhaltenes Pflaster und Steinmäuerchen zeigen, dass es sich um einen alten Maultierweg handelt, der früher eine viel begangene Verbindung nach Krítsa und Ágios Nikólaos darstellte. Der Weg ist mitunter zugewuchert und besteht stellenweise nur aus einer gerölligen Trittspur, gelegentlich helfen verblasste blaue Markierungen bei der Orientierung. Im Zickzack gewinnen wir schnell an Höhe und schauen bald auf den großen Wasserspeicher hinab, der sich nach regenreichen Wintern wie ein kleiner See ausnimmt. Gegen Norden dominiert die Seléna-Gruppe die herbe Gebirgsszenerie. An aufgelassenen Terrassen halten wir leicht links auf eine Einsattelung zu. Vom **Sattel** (1.30 Std.) ergibt sich ein eindrucksvolles Panorama auf das zu Füßen gelegene ovale Lassíthi-Plateau. Vor uns schauen wir über den tiefen Einschnitt der Haugá-Schlucht auf unser Wanderziel, die Katharó-Hochebene.

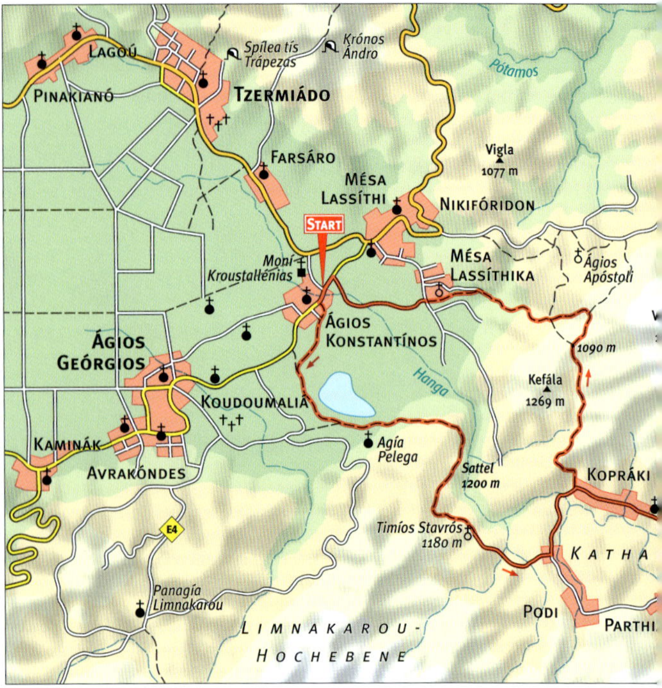

Sofern wir beim Anstieg zum Sattel die Ideallinie, d.h. den alten Maultierweg, beibehalten haben, beginnt direkt auf der anderen Seite ein deutlich ausgeprägter felsiger Weg. Dieser läuft zunächst in einem weiten Linksbogen an einem Hang leicht bergab, hinter dem gegen Süden der bucklige Rücken des Lázaros hervorspitzt. An bizarren Verkarstungen vorbei wird mehr oder weniger Höhe haltend ein Tal umlaufen.

Der kurzzeitig wieder undeutliche Weg steigt ein paar Höhenmeter zu einer Einsattelung hinauf und trifft an einer Stange mit 03-Raute auf einen Schotterweg. Auf diesem sollten wir einen kleinen Abstecher zu der links auf einer Anhöhe thronenden Kapelle **Timíos Stavrós** machen (2.15 Std.). Von dort lässt sich tief in die Haugá-Schlucht schauen. Im Süden zeigt sich neben dem Lázaros nun auch die massige Gestalt des Díkti.

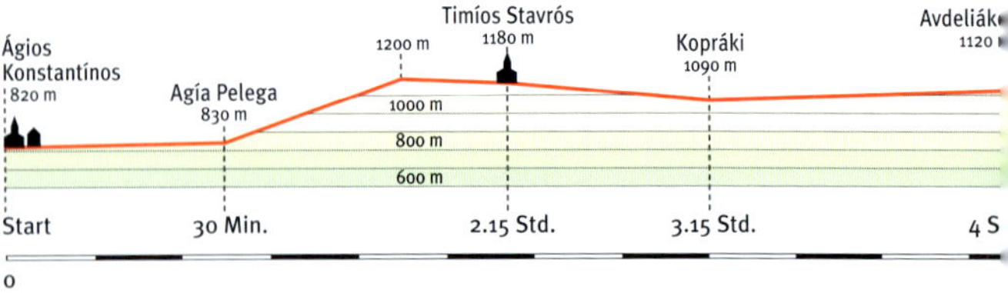

Zurück an der Markierungsstange folgen wir dem Schotterweg abwärts in die **Katharó-Hochebene.** Am Westrand des Plateaus erreichen wir eine Hand voll Häuser. Ein Rechtsabzweig bleibt unbeachtet, an der Gabelung 5 Min. später gehen wir links in eine Senke hinab. Kurz hinter einer Hausruine mündet von rechts ein Weg in unseren ein. Wir durchschreiten ein steiniges Bachbett und durchlaufen mit dem Lázaros im Rücken auf einer breiten Erdstraße die Ebene am Westrand. An der nächsten Gabelung wählen wir den linken Zweig, lassen kurz darauf eine Hauszufahrt unbeachtet und queren nach einer Kreuzung auf einer Furt erneut ein Bachbett. Sollte im Frühjahr der Wasserstand zu hoch sein, halten wir weglos rechts auf eine etwa 75 m entfernte Betonbrücke zu.

Am Nordrand der Katharó-Hochebene treffen wir schließlich auf die kleine Häuseransammlung von **Kopráki** (3.15 Std.). Die Siedlung ist nur im Sommer bewohnt, auch die einfache Taverne hat dann geöffnet. Von der Gabelung nahe der Taverne bringt uns rechts ein unbefestigter breiter Fahrweg nun immer am Nordrand der Ebene geradeaus wandernd an den Kirchen von Kopráki und Gannitsi vorbei nach **Avdeliákos** (4 Std.).

Der Hauptort der Katharó-Hochebene ist ebenfalls nur im Sommer von Leben erfüllt, doch die Taverne Zerbas neben der kleinen Dorfkirche hat schon im Frühjahr die Tische draußen stehen. An dem in die Erde eingelassenen großen Brunnen vor der Taverne können die Wasservorräte aufgefüllt werden.

Nach einer Rast wandern wir nach **Kopráki** zurück und von dort weiter geradeaus auf dem neuen unbefestigten Fahrweg (4.45 Std.). Dieser führt zunächst am Rand der Haugá-Schlucht entlang und schwenkt dann leicht ansteigend nach Norden

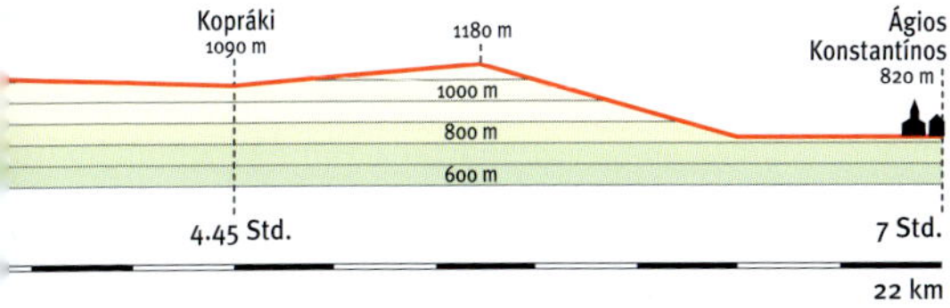

in das Hochtal **Kadi to Lakko** (Grube des Kadi). Wir kommen durch eine kleine mit Eichen bestandene Ebene, halb rechts erheben sich die verkarsteten Hänge des Varsami.

In einer scharfen **Rechtskehre** (5.30 Std.) öffnet sich ein grandioses Panorama auf das zu Füßen liegende Lassíthi-Plateau. Ursprünglich konnte man von hier direkt in die Ebene absteigen, doch der Einstieg ist nur noch schwerlich zu finden. Wir orientieren uns von daher neu. Rechts schauen wir auf das Dorf Mesa Lassíthi mit seiner großen byzantinischen Kirche hinab, links davon erkennen wir Ágios Konstantínos am Fuß eines aus der Ebene herausragenden Hügels. Zwischen den beiden Orten steht allein auf weiter Flur ein Stück näher zu uns gerückt die Friedhofskirche von Mesa Lassíthika. Von unserer Warte aus laufen zwei Feldwege auf die Kirche zu, wir werden die Ebene am Ende des rechten Weges erreichen. Direkt unter uns sehen wir in einem Geländeeinschnitt übereinander gestapelte alte Terrassenmauern.

Wir folgen von der Rechtskehre aus zunächst dem Fahrweg weitere 500 m leicht bergab zu einem Ahornbäumchen, unter dem sich eventuell ein Steinmännchen befindet. Links liegt ein kleiner Sattel mit einer fast steinfreien kleinen ebenen Fläche. Auf diese steigen wir weglos ab. Wir halten uns dort links, queren etliche Ziegenpfade und beginnen den Abstieg in den erwähnten Geländeeinschnitt. Am östlichen Rand der Lassíthi-Ebene haben wir wieder das Wasserbecken im Blick, in dessen Nähe wir zuvor aufgestiegen sind.

Ein Eichenwäldchen nimmt uns auf, durch das wir gelegentlich die Friedhofskirche erspähen können. Im Grund des Einschnitts treffen wir bald auf verblasste **gelbe Markierungen.** Wir haben den alten Muliweg erreicht, der zunächst kaum als solcher auszumachen ist, doch im weiteren Verlauf des Abstiegs zunehmend Konturen annimmt. Der Pfad führt bald rechts oberhalb von Terrassenmauern vorbei, wechselt zwei Mal die Talseite und wird dann von einer hüfthohen Steinmauer begleitet. Der Eichenwald wird nun dichter und spendet Schatten.

Wir treffen auf ein Gatter, bei dem man nicht so recht weiß, ob man links, rechts oder in der Mitte die Drähte öffnen soll. Kurz darauf treten wir aus dem Eichenwald heraus – wir sind wieder in der **Lassíthi-Ebene** angekommen (6.30 Std.). Der schon von oben einsehbare Feldweg bringt uns durch Getreidefelder auf einen Querweg. Diesem folgen wir rechts, lassen 200 m darauf die Zufahrt zur Friedhofskirche links liegen und gehen auf dem Teersträßchen halb rechts. Gut 100 m weiter erreichen wir das Ortsschild von **Mesa Lassíthika.** In den Ort führt ein Sträßchen hinauf, doch wir wandern geradeaus weiter und biegen 30 m später links in einen Feldweg ab.

Der Weg hält genau auf den von einem Sendemasten bestandenen Gipfel des Aféndis zu, der im Westen das Plateau begrenzt. Zur Linken genießen wir einmal mehr den erhabenen Ausblick auf das Zweigespann von Díkti und Lázaros.

Der Feldweg läuft bald an einem von Steinmauern begrenzten breiten Trockenbett vorbei und mündet schließlich in die Landstraße Mesa Lassíthika–Ágios Konstantínos. Dieser nach links folgend treffen wir am Ortseingang von **Ágios Konstantínos** auf die Ringstraße, auf der wir links nach 100 m wieder die Kirche erreichen (7 Std.).

Der Hirtenweg zum Golf

Von Mésa Lassíthi nach Krítsa

In früherer Zeit verbanden etliche Passwege die Lassíthi-Hochebene mit dem umliegenden Tiefland – der alte Maultierweg nach Krítsa ist einer davon. Die lohnende Streckenwanderung führt durch eine abwechslungsreiche Landschaft und erlaubt herrliche Tiefblicke auf den Golf von Mirambéllou.

DIE WANDERUNG IN KÜRZE

+++
Anspruch

6.30 Std.
Gehzeit

1270 m
An-/Abstieg

Charakter: Fast schattenlose, 19 km lange Wanderung auf Schotterwegen und einem steilen Abstieg auf steinigem Pfad

Einkehrmöglichkeiten: Taverne Oprinos in Tápes, mehrere Restaurants und Kaffeehäuser in Krítsa

Anfahrt: Mit dem Pkw über die Zufahrtsstraßen bis nach Mésa Lassíthi. Im Dorf parken. **Mit dem Bus** von Ágios Nikólaos bis Mésa Lassíthi. Vom Zielort Krítsa verkehren alle 1 bis 2 Stunden Busse nach Ágios Nikólaos.

Von der Kirche in **Mésa Lassíthi** folgen wir der Landstraße einen guten Kilometer in Richtung Ágios Nikólaos. Nach dem Weiler Nikifóridon verlassen wir in einer Linkskurve mit einer großen Parkausbuchtung die Straße nach rechts (15 Min.). Hinter einem Zaundurchlass (links steht eine Markierungsstange mit 01-Raute) wählen wir den leicht bergan führenden alten Maultierpfad, der links neben dem breiten Schotterweg beginnt. Knapp 10 Min. darauf treffen wir auf eine breite Erdstraße, der wir geradeaus folgen. Zur Rechten bietet sich über das Lassíthi-Plateau ein schöner Ausblick auf die beiden Gipfel des Lázaros und Díkti. Zur Linken schauen wir in das bewaldete Potámi-Tal, das von der schroffen Kette der Seléna-Gruppe abgeschlossen wird.

An der Kapelle **Ágios Apóstoli** verlassen wir die Erdstraße wieder links in den Maultierweg (45 Min.). Dieser ist beidseitig von Mauern eingefasst und verengt sich stellenweise zu einem Trampelpfad. Nach einer Viertelstunde treffen wir erneut auf den Schotterweg, dem wir in leichtem Auf und Ab immer geradeaus gehend zu einer zweiten **Kapelle** am Fuß des Katharó Tsiví folgen. An der Verzweigung 50 m hinter der Kapelle halten wir uns links und kommen zu einem rechtwinkligen Wassertrog. Große Walnussbäume und prächtige Kermeseichen setzen hier der ansonsten kargen Landschaft ein paar grüne Farbtupfer auf. Der Weg läuft den Geländeeinschnitt zwischen dem Katharó Tsiví und dem Vitsilias hindurch. Danach weitet sich die Land-

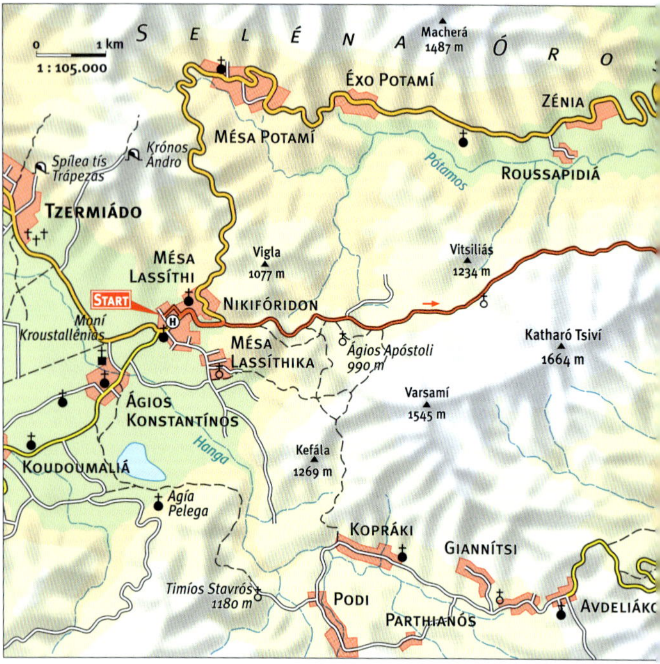

schaft wieder; nach Norden haben wir erneut schöne Ausblicke in das von der Straße nach Ágios Nikólaos durchzogene Potámi-Tal.

Der Schotterweg endet an einem **Sendemasten.** Kurz dahinter beginnt ein steiniger Steig, der sich bald als Teil des alten Maultierwegs zu erkennen gibt und als Höhenweg an der Nordflanke des Katharó Tsiví entlangzieht. Ein gerölliger Hang wird traversiert. An einer Stelle ist der Pfad durch einen Felsrutsch verschüttet, der schmale Saumpfad ist hier leicht abschüssig. Kurz hinter einem Steinhaus mit **Brunnen** (gutes Trinkwasser) ist der höchste Punkt der Route erreicht (2.40 Std.). Von dem meist windigen Passübergang bietet sich ein grandioses Panorama auf den Golf von Mirambéllou und die weiße Skyline von Ágios Nikólaos: Hinter der tief eingeschnittenen Bucht von Ístro kann man die Thrip-

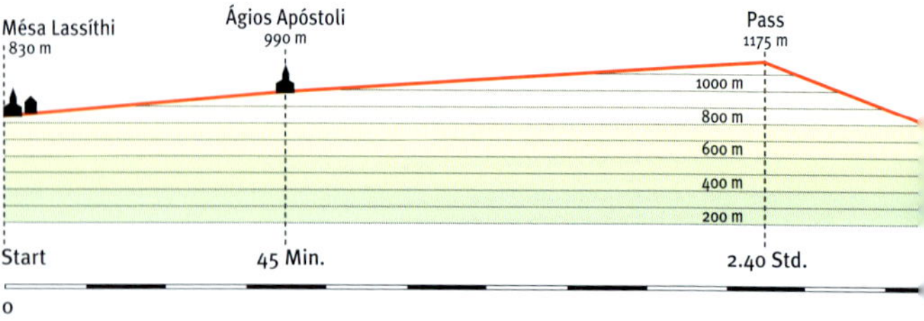

tí-Berge und den Sendeturm auf dem Aféndis Stavroménos ausmachen.

Nun beginnt der lange steinige Abstieg nach Tápes. Kreuzende Ziegenpfade machen den Wegverlauf zunächst nicht immer eindeutig. Wir orientieren uns an verblassten roten Markierungen und halten genau auf den weit unten liegenden Hafen von Ágios Nikólaos zu. Bald können wir den Kirchturm von Tápes erkennen. Auf engen Zickzackkehren erreichen wir schließlich einen **Wendekreis,** an dem eine Schotterstraße beginnt (4 Std.). Diese läuft in einer Rechtsschleife in das Tal nach **Tápes** (4.45 Std.). Von dem frei stehenden Kirchturm bringt uns die geteerte Dorfstraße in den unteren Ortsteil zur **Taverne Oprinos.**

An der Taverne verlassen wir die Straße in einen Betonweg, der unterhalb des letzten Hauses in einen Pfad übergeht und auf einen Querweg trifft. Diesem folgen wir rechts 4 Min. und biegen dann links in einen unscheinbaren Pfad ab, der recht steil durch einen Olivenhain hangabwärts läuft. Die Orientierung ist hier wiederum nicht ganz einfach; verblasste blaue Markierungen helfen jedoch. Kurz hinter einem Wassertrog gelangen wir am Fuß des Hanges an ein **Bachbett.** Wir folgen dem Feldweg nach rechts und durchschreiten zwei kurz hintereinander liegende Gatter. Der Feldweg endet an einem **Weidezaun** (5.15 Std.). Hier verlassen wir das Bachbett und wandern geradeaus den steinigen Maultierweg hoch, der zunächst parallel zum Bachbett schräg die Schluchtwand traversiert. Auf dem Maultierweg erreichen wir, wie in Tour 19 beschrieben, einen Umspannmasten am Eingang zur **Krítsa-Schlucht** (6.15 Std.). Von dort bringt uns eine Piste 400 m weiter zur Landstraße, der wir rechts folgen und nach 10 Min. **Krítsa** erreichen (6.30 Std.).

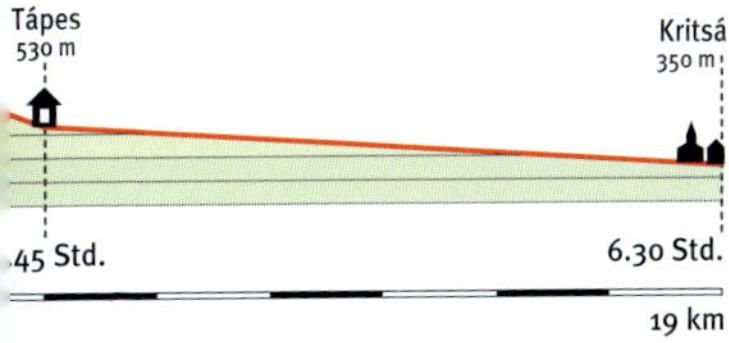

Tour 19

Gipfelglück für Fährtensucher

Von Selákano auf den Aféndis Christós

Mit 2141 m Höhe ist der Aféndis Christós nur sieben Meter niedriger als der benachbarte Díkti. Besonders reizvoll ist die Annäherung durch das ausgedehnte Waldgebiet von Selákano. Die Hochgebirgstour ist jedoch nur routinierten Bergwanderern vorbehalten.

DIE WANDERUNG IN KÜRZE

+++ Anspruch

9 Std. Gehzeit

2380 m An-/Abstieg

Charakter: Die Kondition erfordernde Bergtour über 21 km beginnt auf schattigen Forstwegen und setzt sich auf steinigen Pfaden fort, wobei kräftige Anstiege zu bewältigen sind. Bis zur Passhöhe relativ gute E 4-Markierung, der Gipfelanstieg zum Aféndis Christós verlangt Orientierungsvermögen in offenem Gelände. Bis Mitte Mai können Schneefelder zusätzlich die Orientierung erschweren.

Einkehrmöglichkeiten: Kaffeehaus und Waldgasthof am Ausgangspunkt in Selákano

Anfahrt: Mit dem Pkw: Auf der Straße von Ierápetra nach Mírtos folgt man in Grá Ligiá (5 km hinter Ierápetra) rechts der Ausschilderung nach Máles (26 km). Von dort weisen Holzschilder (in griech.) über Christós nach Selákano. 500 m vor Selákano befindet sich eine Infotafel. Etwa 100 m dahinter links fahren. Parkmöglichkeit am Gemeindehaus vor der kleinen Kirche. Keine öffentliche **Busanbindung!**

Vom Parkplatz am Gemeindehaus in **Selákano** biegen wir vor der Kirche rechts in eine Betonpiste ein, die an einer großen Pinie in einen Schotterweg übergeht. Diesen verlassen wir gut 100 m darauf zwischen einem

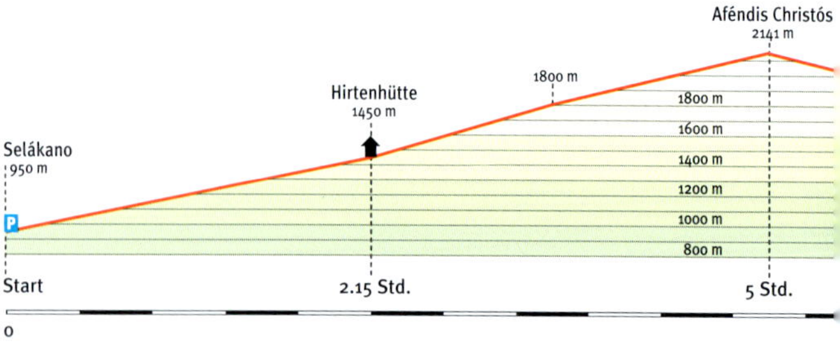

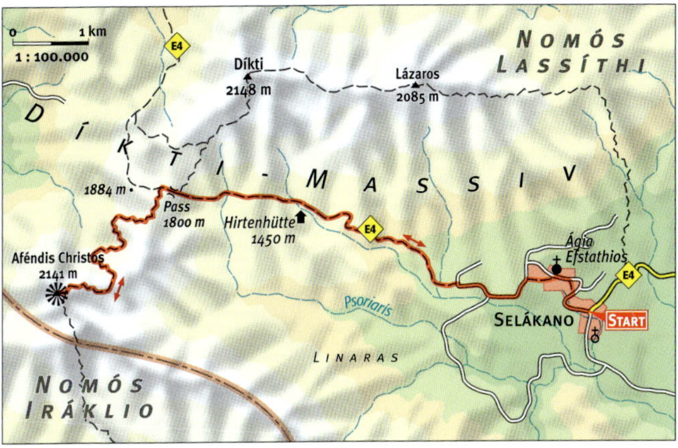

verfallenen Haus und einem Drahtzaun geradeaus in einen Pfad (links weist ein Schild zu einem Kafeníon). Der Pfad läuft an einem neuen weiß getünchten Haus vorbei und führt durch terrassierte kleine Gemüse- und Weingärten. An der Kreuzung an einer stattlichen Eiche (E 4-Schild) gehen wir weiter geradeaus bergan, links am Weg steht eine Reihe alter Bruchsteinhäuser. 40 m hinter einem Haus mit markant verzierten Eckziegeln treffen wir auf einen geschotterten Weg, auf dem wir rechts hoch einen **Waldgasthof** erreichen (15 Min.). Vor der hohen Mauer des großen Gebäudes wenden wir uns nach links, ein stellenweise gelb markierter verwachsener Pfad läuft zwischen Steinmäuerchen leicht bergan. Hinter einem Eisengatter gehen wir auf einem Feldweg, den wir nach 150 m wieder nach links in einen Pfad (E 4-Schild) verlassen. Wir steigen einen Kiefernwald bergan und lassen uns von E 4-Schildern und gelben Markierungen auf Forstwegen durch das ausgedehnte Waldgebiet von Selákano leiten.

Vor einer Hausruine erreichen wir eine **Lichtung,** an deren Rand Bienenstöcke aufgestellt sind (1 Std.). Kurz vor diesen verlassen wir das weit verzweigte Forstwegenetz und folgen links dem Pfad, der bald steil und geröllig im Zickzack an der orografisch linken Seite des Psorirís-Tals hochläuft. Der Kiefernwald

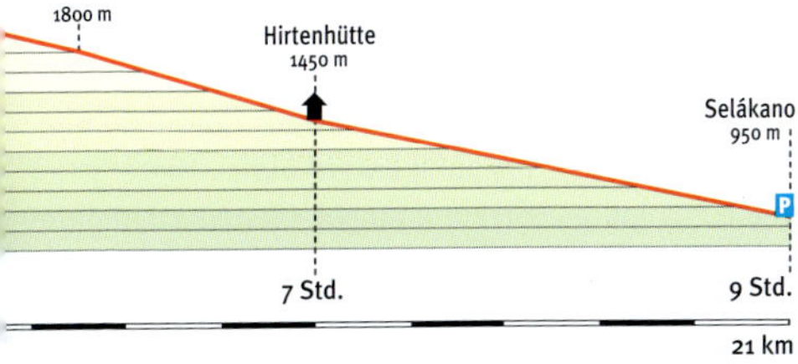

Mit über 2100 m Höhe gehört der Aféndis Christós zu den höchsten Gipfeln Ostkretas.

weicht zunehmend prächtigen Exemplaren von Kermeseichen. Vorbei an einer Viehtränke zieht der Steig weiter den felsigen Hang hoch, zur Linken begleitet uns der lang gestreckte Rücken des Aféndis Christós-Massivs.

An einer Einsattelung erreichen wir eine **Hirtenhütte** (2.15 Std.). Unser Pfad hält genau auf den Pass zwischen dem Aféndis Christós und dem nun rechts davon sichtbaren Díkti zu. Bevor der Passanstieg beginnt, geht es hinter einer Quelle zunächst ein Stück in das Hochtal hinab, in dem ein am Fuß des Díkti gelegenes gerölliges Schuttfeld traversiert wird. Zusätzlich zu den gelben Markierungen helfen E 4-Stangen bei der Orientierung. Auf abermals kräftigem Anstieg wird ein markanter Felsaufbau umgangen. Nach Norden hin genießen wir den Ausblick auf den Díkti, auf dem sich nun auch die Gipfelsäule ausmachen lässt.

Schließlich ist die **Passhöhe** erreicht (3.15 Std.). Auf dem lang gestreckten Übergang folgen wir weitere 10 Minuten dem E 4-Weg, bis uns auf Felsen gemalte rote Markierungen den Abzweig zum Aféndis Christós signalisieren (der E 4 zieht in die von hier bereits sichtbare Lassíthi-Ebene hinab). Wir folgen links dem mit Steinmännchen und verblassten roten Punkten markierten felsigen Steig. Ein Pfad ist zunächst kaum auszumachen und die Suche nach Wegzeichen gestaltet sich mitunter nicht einfach. Nach wenigen Minuten öffnet sich der Blick auf das Aféndis Christós-Massiv. An den Ruinen einer ehemaligen Hirtenhütte und einer Viehtränke vorbei wird schräg aufwärts ein Hang zu einem Kamm aufgestiegen. Der Saumpfad zieht dann links vom Kamm an der recht steil abfallenden Ostseite des Massivs entlang.

Das Spannende an dem Aufstieg: Das Bergmassiv des Aféndis Christós hat mehrere Gipfel. Hinter jeder Biegung taucht ein neuer Kandidat auf, welcher der Hauptgipfel sein könnte. Entsprechend verwirrend ist die Steinwüste um uns herum. Wer

für den Rückweg auf Nummer sicher gehen will, setzt sich zusätzlich zu den spärlichen Markierungen seine eigenen Wegzeichen.

Wir queren auf schrägen Felsbändern einen Geländeeinschnitt und können von einem verkarsteten Rücken zwischen zwei Mulden schließlich die Gipfelkapelle sehen. 20 Min. darauf stehen wir auf dem **Aféndis Christós** (5 Std.). Der mühevolle Anstieg wird mit einem imposanten Rundblick belohnt. Wir sind so gut wie auf gleicher Höhe mit dem Díkti und Lázaros im Nordosten; im Westen ragt der Psiloritis noch ein ganzes Stück höher auf. Im Südwesten bildet der frei stehende Kofínas in den Asteroúsia-Bergen einen markanten Fixpunkt, an der »Gurkenküste« von Ierápetra glitzern die ausufernden Gewächshäuser in der Sonne. Allzu lange sollte man allerdings nicht auf dem Gipfel verweilen, denn der Rückweg nach **Selákano** ist lang (9 Std.).

Tour 20

Zu Füßen des Lázaros

Von Míthi nach Metaxochóri

An den südöstlichen Ausläufern der Díkti-Berge suchen tief eingeschnittene Schluchten ihren Weg zum Meer. Nördlich der einstigen Hippie-Enklave Mírtos verläuft die Wanderung durch die wildromantische Region, die Mírtos umgibt.

DIE WANDERUNG IN KÜRZE

++ Anspruch

4.30 Std. Gehzeit

11 km Länge

Charakter: Die Wanderung beginnt mit einem Aufstieg auf stellenweise ausgesetztem Maultierpfad. Bequemer Abstieg auf Feldwegen in einen Talgrund, etliche Verzweigungen verlangen dabei etwas Aufmerksamkeit. Die letzten 30 Min. auf wenig befahrener Landstraße

Einkehrmöglichkeiten: Kleine Cafébar in Míthi, etliche Tavernen in Mírtos

Anfahrt: **Mit dem Pkw** von Ierápetra zunächst nach Mírtos. Von dort folgt man der Ausschilderung in Richtung Viánnos und biegt nach einem Kilometer nach Míthi ab. **Keine Busverbindung!**

Aus Richtung Mírtos kommend wenden wir uns an der Dorfkreuzung in **Míthi** auf der Straße links in Richtung Mourniés und verlassen sie sofort hinter dem Kaffeehaus rechts in einen betonierten Weg. Dieser steigt zu einer Häusergruppe auf einer Anhöhe an und splittet sich vor zwei Ölbäumen in drei Wege auf. Wir wählen den mittleren und passieren zur Rechten ein Haus, dessen Flachdach fast in Weghöhe liegt. Wenig später gehen wir an einer erneuten Gabelung an einem betonierten Wasserbecken geradeaus leicht aufwärts. Der Ort liegt nun hinter uns, wir wandern durch einen Olivenhain und schauen rechts bald auf den Eingang der Sarakínas-Schlucht hinab.

Der Feldweg schwenkt scharf nach links und verengt sich nach 5 Min. zu einem Pfad. Dieser führt rechts an einem Zaun hoch, eventuell ist die Stelle mit Steinmännchen markiert. Am oberen Rand des eingezäunten Areals ist der weitere Wegverlauf et-

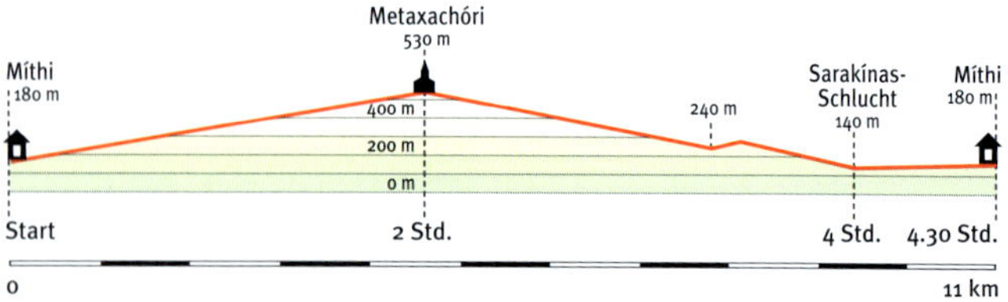

was undeutlich. Wir halten nach Steinmännchen Ausschau und gelangen zu einem Zaun mit einem Metalltor. Hinter dem Tor nimmt uns ein Mischwald auf. Weit vor uns können wir das an einen Hang geschmiegte Bergdorf Máles ausmachen.

Der Pfad ist nun gut ausgeprägt und läuft in einen Seitenarm der Sarakínas-Schlucht hinab. Kurz hinter zwei überhängenden Felswänden queren wir das felsige Trockenbett der **Schlucht** (1 Std.). Auf der anderen Seite steigt der nun teils gepflasterte Hirtenweg in engen Zickzackkehren an.

Nach zwanzigminütigem kräftigem Aufstieg endet die Ausbaustrecke. Auf nun wieder schmalem und teils verwachsenen Pfad mit Thymiansträuchern am Rand gelangen wir zu einem weiteren Metalltor. Knapp 10 Min. später treffen wir neben einem **runden Dreschplatz** auf einen Fahrweg. Wir gehen rechts und nach wenigen Schritten an der Gabelung links (rote Punktmarkierung). Bald mündet ein von rechts unten kommender Weg in unseren ein. Der Blick öffnet sich auf drei Dörfer: ganz rechts das schon bekannte Máles, in der Mitte Christós und vor uns das Wanderziel Metaxochóri.

Wir passieren einen Abzweig nach Káto Sími und werden wenig später am Ortseingang von **Metaxochóri** von stattlichen Eichen und einer hohen Zypresse begrüßt (2 Std.). Der Ort ist arg von der Landflucht gebeutelt. Dutzende von Häusern sind verfallen, im Tonnengewölbe der **Friedhofskapelle** klaffen breite Risse. Ein aussichtsreicher Picknickplatz ist die kleine byzantinische Kirche am unteren Dorfrand. Man erreicht sie über die ortsauswärts führende Teerstraße nach Christós. Vom Vorplatz genießen wir eine herrliche Sicht in

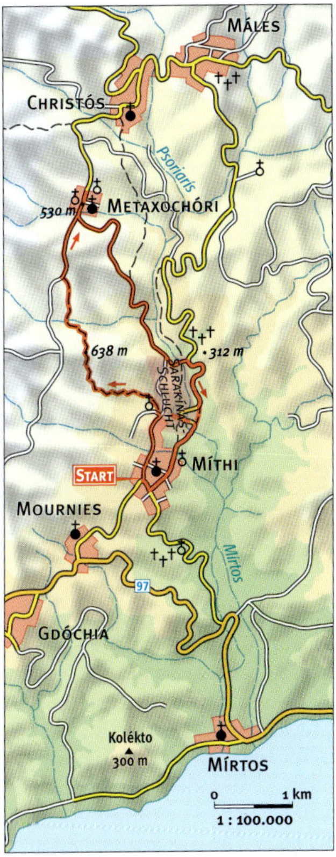

das Tal von Mírtos, in das wir nach der Rast absteigen werden.

Auf dem Dorfweg gehen wir wieder zur baufälligen Friedhofskapelle am südlichen Ortsausgang zurück und folgen dem vom Hinweg bekannten Fahrweg noch weitere 4 Min., bis an einem **Zaundurchlass** ein Feldweg links abwärts führt. In dem Olivenhain queren wir 4 Min. darauf eine undeutliche Kreuzung. Kurz danach mündet von rechts oben ein Weg in unseren ein. Wir wandern weiter bergab auf das vor uns liegende Máles zu und stoßen auf einen Querweg. Hier gehen wir nicht rechts, sondern folgen dem

Idyllischer Rastplatz am Auslauf der Sarakínas-Schlucht

Weg geradeaus, um dann bei der Verzweigung eine Minute später scharf rechts einzubiegen.

Hinter einem undeutlichen Rechtsabzweig erreichen wir 50 m weiter erneut eine Gabelung, hier gehen wir rechts und stoßen 8 Min. später auf einen Querweg, dem wir ebenfalls rechts folgen. Ein kurz darauf links abgehender Weg wird ignoriert.

Nun geht es immer auf dem Hauptweg weiter geradeaus. Wir passieren ein **Haus** mit einer Trockenmauer an der Rückwand und einem angebauten Schafpferch. Der Olivenhain wird durch Mispel-, Zitronen- und Walnussbäume aufgelockert. 5 Min. nach Passieren einer Hausruine lassen wir einen Rechtsabzweig unbeachtet und steigen in den **Talgrund** ab (3.15 Std.). Auf einer betonierten Furt queren wir das von Schilf und Platanen bestandene Bachbett und steigen auf dem Feldweg auf der anderen Seite zur Landstraße Míthi– Máles auf. Wir blicken nochmals auf unseren Abstiegsweg auf der anderen Talseite zurück, über der sich die massige Gestalt des Lázaros zeigt. Der mit 2085 m dritthöchste Gipfel im Díkti-Massiv kann noch bis in den Mai hinein mit Schneeflecken gesprenkelt sein.

Der Straße rechts folgend wird nach einer halben Stunde abermals das Flussbett gequert. 100 m hinter der Brücke zweigt rechts eine Piste zur **Sarakínas-Schlucht** ab (4 Std.). Der Abstecher (etwa 30 Min. hin und zurück) in die enge Klamm lohnt unbedingt! An der Terrasse der Taverne beginnt ein Pfad, der bald als Wasserkanal weiterläuft und uns in wenigen Minuten zum engen Eingang des imposanten Canyons bringt. Sofern es der Wasserstand erlaubt, kann man dem Schluchtbett noch ein Stück folgen, bis glatt geschliffene große Felsblöcke nur noch versierten Kletterern ein Weiterkommen erlauben.

Wieder zurück an der Straße erreichen wir in einer Viertelstunde die Ortsmitte von **Míthi** (4.30 Std.).

Windmühlen auf windigem Kap

Von Pláka zum Kap Ágios Ioánnis

Das Kap Ágios Ioánnis begrenzt im Norden den weit geschwungenen Mirambéllou-Golf. Die aussichtsreiche Wanderung am Rande eines Hochplateaus erlaubt grandiose Ausblicke auf die ehemalige Leprainsel Kalídon und die Halbinsel Spinalónga.

DIE WANDERUNG IN KÜRZE

++ Anspruch

3.30 Std. Gehzeit

12 km Länge

Charakter: Aussichtsreiche Wanderung auf überwiegend breiten Wegen. Für den Mittelabschnitt auf stellenweise stark verwachsenem Pfad empfehlen sich lange Hosen.

Einkehrmöglichkeiten: Etliche Fischtavernen im Ausgangsort Pláka

Anfahrt: Mit dem Pkw: Von Ágios Nikolaos über Káto Eloúnda nach Pláka. In der Nähe des Bootsanlegers parken. **Busse** verkehren in der Zeit von Mai bis Oktober von Eloúnda nach Pláka.

In **Pláka** wenden wir uns an der Bushaltestelle am Bootsanleger auf der Straße zum nördlichen Ortsausgang. In einer Linksschleife vor dem Ortsschild biegen wir rechts in einen Feldweg ein. Der Weg verzweigt sich nach 100 m an drei Häusern mit Tonnendächern. Der linke Strang, den wir wählen, zieht deutlich einsehbar in einer langen Geraden den Hang hinauf. Schon bald ergeben sich herrliche Aussichten auf die frühere Leprainsel und die Halbinsel Spinalónga.

Nach 20 Min. treffen wir auf die Straße nach Vrouchás. Wir wandern auf ihr bergan und verlassen sie nach 200 m in der nächsten Linkskurve geradeaus durch ein Gatter in einen Pfad. Bevor wir nach wenigen Minuten erneut auf die Straße stoßen, wird ein weiteres Gatter durchlaufen. Wir queren die Straße und steigen auf einem gepflasterten Maultierpfad durch Olivenbäume weiter bergan und treffen kurz unterhalb der **Windmühlen von Vrouchás** an einer Miniaturkapelle abermals auf die Straße (30 Min.).

Wir folgen der Straße rechts gut 50 m bergab und biegen dann links in einen Betonweg ein (blaue und rote Markierungspfeile). Dieser führt am Rande eines Hochplateaus entlang und erlaubt sozusagen aus der Vogelperspektive eine spektakuläre Aussicht auf die wie einen riesigen Tropfen der Halbinsel Spinalónga vorgelagerte Leprainsel.

Auf dem sanft ansteigenden Betonweg passieren wir nach einer guten Viertelstunde eine **graue Kapelle.** Gut 300 m darauf, kurz bevor der Weg links vom Rand des Plateaus wegführt, biegen wir an einem Steinmännchen rechts in einen anfangs von Mauern eingefassten Pfad ein. Dieser läuft durch stachlige Phrygana leicht hangabwärts. Quasi eine Etage tiefer sehen wir oberhalb vom Meer auf eine parallel verlaufende rotbraune Piste hinab.

Nach einem Taleinschnitt geht es über ein glattes **Felsband** hinweg. Der Wegverlauf wird etwas unübersichtlich und wir achten verstärkt auf Steinmännchen. 3 Min. nach Passieren der Felsbänder verzweigt sich der Pfad, wir halten uns rechts. Es gilt nun, zu der erwähnten Piste abzusteigen, mehrere Varianten bieten sich dazu an. Normalerweise kann der Abstieg auf einem gut begehbaren Pfad bewerkstelligt werden. Hat man den falschen erwischt, muss man eventuell an der 3 m hohen Böschung eine geeignete Abstiegsstelle suchen, bis schließlich die **Erdstraße** erreicht ist. Dieser folgen wir links hangaufwärts und lassen einen Rechtsabzweig 5 Min. darauf unbeachtet.

Der Weg zieht gemächlich durch einen Olivenhain und umläuft in einem Rechtsbogen eine Schlucht. An einem **Wegkreuz** gehen wir rechts und erreichen kurz darauf die schon in Sichtweite gelegene Kapelle **Ágios Ioánnis** (2 Std.). Das Kirchlein mit angelehntem Glockengiebel steht windexponiert auf dem vorgeschobenen Kap. Dass es hier recht ordentlich stürmen kann, zeigen die windschnittigen Kronen der umstehenden Olivenbäume.

Von der Kapelle gehen wir zum Wegkreuz zurück und halten geradeaus auf einen **Sendemasten** zu. An der großen Gabelung etwa 300 m vor dem Masten folgen wir dem links abwärts laufenden Weg. Die bald von Steinmauern begleitete Erdstraße geht in einen Betonweg über und mündet auf einen betonierten Querweg. Wir halten uns links leicht bergab, um nach 150 m geradeaus auf einem meterbreit geschotterten Pfad zu der Stromtrasse vor uns anzusteigen. Zur Linken wird ein rundes altes Wasserbecken passiert, kurz darauf gelangen wir zu der vom Hinweg bekannten **grauen Kapelle** (2.30 Std.).

Wir gehen jedoch nicht wieder auf dem Betonweg zurück, sondern wählen 10 m vor der Kapelle den zunächst ein Stück parallel verlaufenden von Mauern eingefassten alten Erdweg leicht bergab. Nach einigen Minuten können wir auf dem Hügel vor uns ein rechteckiges **Wasserdepot** erkennen, zu dem wir aufsteigen werden. Doch zunächst geht es etwas steiler bergab. Bevor der kurzzeitig betonierte Weg durch eine kleine Schlucht auf das schon sichtbare Vrouchás zuläuft, verlassen wir diesen in einer Rechtskehre links in einen unscheinbaren Trampelpfad. Der Pfad steigt zu einer Mauer an und dann mehr oder weniger weglos links den Hang zum Wasserdepot hinauf. Oben angekommen ergibt sich eine schöne Ansicht auf das zu Füßen gelegene Vrouchás.

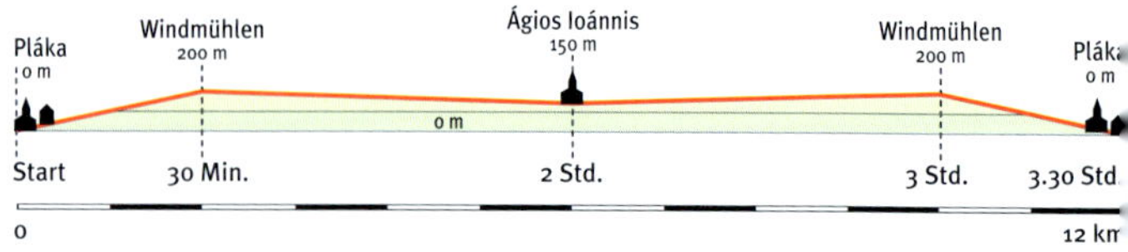

Am Wasserdepot beginnt ein Schotterweg, der direkt an acht in Reih und Glied stehenden **Windmühlen** sowie einer weiß getünchten Kapelle vorbei hinab zur Verbindungsstraße Vrouchás–Pláka läuft (3 Std.). Wir queren diese Straße und steigen auf dem bekannten Weg zu unserem Ausgangsort **Pláka** ab (3.30 Std.).

Die Leprainsel

Auf der Wanderung zum Kap Ágios Ioánnis genießt man ein spektakuläres Panorama auf Kalídon (auch nach der großen Nachbarinsel Spinalónga genannt). Das fast kreisrunde Felseneiland wurde im 16. Jh. von den Venezianern zu einer so gut wie uneinnehmbaren Festung ausgebaut. Zwischen 1903 und 1957 unterhielt die griechische Regierung auf der Insel eine Leprastation. Die zeitweise mehr als 400 »Aussätzigen« lebten völlig isoliert von der Außenwelt. Die heute unbewohnte Insel ist zu einem beliebten Ausflugsziel avanciert. Schiffe setzen von Ágios Nikólaos, Eloúnda und Pláka über.

Tour 22

Über die Halbinsel Spinalónga

Vom antiken Oloús nach Ágios Ioánnis

Vom noblen Ferienort Eloúnda verbindet ein Damm das Festland mit der Halbinsel Spinalónga. Auf der Halbinsel befand sich in der Antike die schon von Homer erwähnte Hafenstadt Oloús. Das ursprüngliche Hinterland der alten Metropole lässt sich auf einem Maultierpfad gut zu Fuß entdecken.

DIE WANDERUNG IN KÜRZE

\+ Anspruch

3 Std. Gehzeit

9 km Länge

Charakter: Leichte Wanderung auf stellenweise verschüttetem Maultierpfad

Einkehrmöglichkeiten: Canal Bar in Oloús (nur in der Hauptsaison geöffnet), ansonsten zahlreiche Restaurants in Eloúnda

Anfahrt: Von Ágios Nikólaos mit **Pkw** oder **Bus** nach Eloúnda. Von der Bushaltestelle am Hauptplatz geht man auf der Hauptstraße 500 m zurück in Richtung Ágios Nikólaos und biegt links in die Akti Olountos ein, die über den Damm von Oloús und die Kanalbrücke zu drei runden alten Windmühlen auf der Halbinsel Spinalónga führt (Autofahrer können hier parken!). Von Eloúnda zu Fuß bis zum Ausgangspunkt sind es 20 Min.

Auf der Halbinsel **Spinalónga** begeben wir uns zur hintersten der insgesamt drei Windmühlen und folgen von dort der Schotterstraße, die am Westufer der Halbinsel entlangläuft. Rechter Hand passieren wir nach 300 m das schmucke Ferienresort **Eloúnda Island Villas.** Bei einem Olivenhain am Ende einer halbkreisförmigen Bucht schwenkt der Weg vom Ufer zu einem alten Steinhaus hinauf. Hier beginnt ein Maultierpfad, der zwischen Lesesteinmauern hangaufwärts läuft. Im Frühjahr begleiten uns am Wegrand Chrysanthemen, das gelb blühende Brandkraut und die Dornige Bibernelle, die stark verzweigte Kugelbüsche mit gelbroten Blütenköpfchen ausbildet. Mit zunehmender Höhe gewinnen wir eine immer bessere Aussicht auf die von der Halbinsel geschützte Bucht von Eloúnda. Meist glitzert das Wasser in leuchtenden Blautönen spiegelglatt wie ein See in der Sonne.

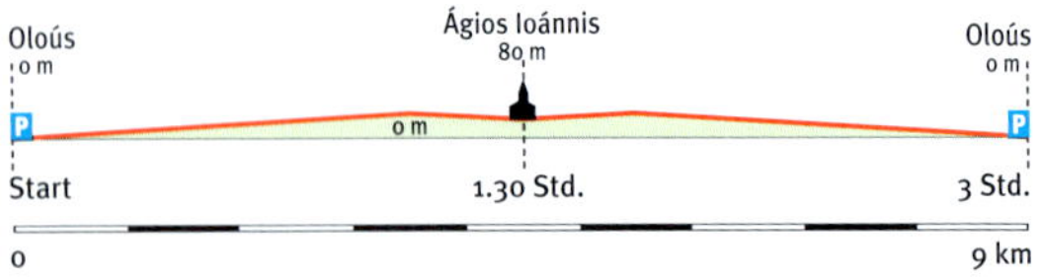

Nach einer halben Stunde erreichen wir auf einer Anhöhe eine alte **Zisterne.** Links vom Weg liegen aufgelassene Terrassen mit Johannisbrotbäumen. Einige der verfallenen Häuser waren noch bis ins 20. Jh. hinein bewohnt. Rechter Hand des weiterhin von Mauern eingefassten Weges schauen wir an der Ostseite der Halbinsel auf eine tief eingeschnittene Bucht hinab.

An einem Steinhaus mit vier Türen nebeneinander senkt sich der Pfad in ein kleines Tal. Der Weg bringt uns nach kurzem Gegenanstieg auf eine **Kuppe** (1.10 Std.). Der weitere Verlauf wird nun kurzzeitig unübersichtlich. Wir halten uns 20 m rechts von einer Hausruine und treffen bald wieder auf die den Weg begleitenden Trockenmauern. Der alte Weg zwischen den Mauern ist hier allerdings verschüttet und überwachsen, sodass wir etwa 100 m rechts an der Mauer entlanggehen. Drei weitere direkt am Weg stehende aufgelassene Häuser werden passiert. Vor dem letzten davon wechselt der Pfad auf die linke Seite der Mauer. Hinter dem Haus können wir nun die vor uns liegende Kapelle sehen. Wir queren weglos eine Wiese und stehen kurz darauf an der Kapelle **Ágios Ioánnis** (1.30 Std.).

Nach einer kurzen Rast an der 1918 erbauten einfachen Kapelle mit Tonnengewölbe gehen wir auf demselben Weg zu den Windmühlen von **Oloús** zurück (3 Std.). Als kunsthistorische Zugabe empfiehlt sich der kurze Abstecher zu den Ruinen einer **frühchristlichen Basilika** mit einem sehr gut erhaltenen Fußbodenmosaik (Delfine) aus dem 5. Jh. Wir folgen dazu von den Windmühlen dem Fahrweg 100 m zur Canal Bar und erreichen von dort nach wenigen Schritten die eingezäunte, doch gut einsehbare archäologische Stätte. Wieder zurück am Meer lohnt auch ein Blick auf die Überreste des antiken Oloús. Wenn das Wasser ruhig ist, kann man dort die Grundmauern einiger Gebäude erkennen.

Der Hafenort Eloúnda ist Ausgangspunkt für Wanderungen auf die Halbinsel Spinalónga

Olous

Die versunkene Hafenstadt Olous soll zur Zeit der Minoer einer der bedeutendsten Handelshäfen gewesen sein, der auch von den nachfolgenden Dorern benutzt wurde. Im 4. Jh. senkten wahrscheinlich tektonische Verschiebungen den ganzen Küstenstrich Ostkreats ab. Seither liegen die von Algen überzogenen Grundmauern der einstigen Metropole unter Wasser und warten auf ihre archäologische Erforschung.

Tour 23

Canyon-Land

Rundtour durch die Krítsa-Schlucht

Nahe dem viel besuchten Bergdorf Krítsa haben Wasser und Erosion eine der eindruckvollsten Schluchten Ostkretas geschaffen. Die Wanderung durch den Canyon kann mit einer Kaffeepause im abgeschiedenen Weiler Tápes verbunden werden.

DIE WANDERUNG IN KÜRZE

++ Anspruch

4 Std. Gehzeit

6 km Länge

Charakter: Imposante und wegen der Nähe zur Ferienstadt Ágios Nikólaos viel begangene Schluchtwanderung. Zu Beginn der durch ein steiniges Flussbett führenden Tour gilt es leichte Kletterstellen zu überwinden.

Einkehrmöglichkeiten: In Tápes die einfache Taverne Oprinos – der schrullige Wirt ist für seine überzogenen Preise bekannt.

Anfahrt: Mit dem Pkw: Von Ágios Nikólaos kommend biegt man am Ortsrand von Krítsa rechts in Richtung Lató/Krítsa Gorge ab. Nach gut 600 m quert das Sträßchen auf einer alten Bogenbrücke ein Flussbett, direkt dahinter weist links ein Schild »To the Gorge/Zur Schlucht«. Man folgt dem parallel zum Flussbett laufenden Feldweg knapp 400 m bis zu einer Verzweigung an einem Umspannmast. In der Hauptsaison nur begrenzte Parkmöglichkeit. **Mit dem Bus:** Mehrmals täglich von Ágios Nikólaos nach Krítsa. Vom Busstopp in der Ortsmitte geht man zwischen dem Café Lató und einem gegenüberliegenden Kafeníon die Einbahnstraße hinab und biegt unterhalb des Friedhofs links in die Straße nach Lató ein. An der Bogenbrücke folgt man dem Feldweg links zum Eingang der Schlucht. Gehzeit ab Ortsmitte zum Ausgangspunkt: 20 Min.

Hinweise: Zu Beginn des Frühjahrs und nach starken Regenfällen ist der Canyon nicht begehbar.

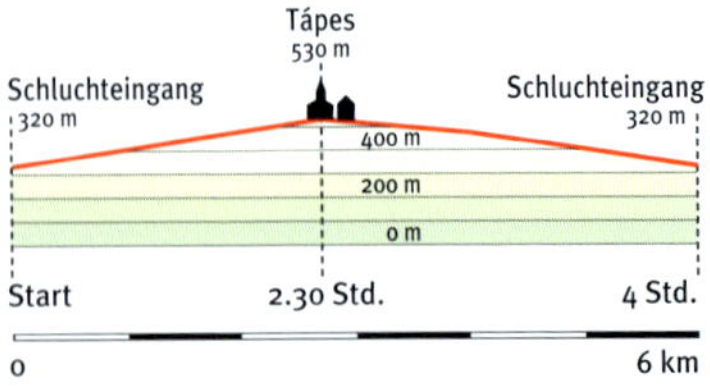

Vor dem Umspannmasten gehen wir den Feldweg auf den **Schluchteingang** zu und steigen nach 15 m links von einem Metalltor auf einem Pfad ins Flussbett ab. In dem überaus steinigen Trockenbett wenden wir uns nach rechts und passieren sogleich etliche große Felsklötze. Nach gut 5 Min. scheint der Weiterweg durch eine zweieinhalb Meter hohe **Felsbarriere** verwehrt zu sein. Rechts können wir jedoch unter Zuhilfenahme der Hände das Steilstück erklettern und haben so bereits die schwierigste Passage hinter uns gelassen. Vorbei an einem mitten im Flussbett stehenden Prachtexemplar von **Johannisbrotbaum** werden kurz darauf zwei riesige Felsblöcke links umgangen (Pfeilmarkierung).

An einem Gatter finden wir einen Durchlass durch einen quer über das Flussbett gespannten Zaun. Die gut 100 m hohen Felswände rücken bald ganz dicht aneinander. Im oberen Bereich sind sie schroff und kantig, unten vom steten Lauf des Wassers glatt poliert. Wieder gilt es, einen anderthalb Meter hohen Katarakt zu überklettern. Wir befinden uns jetzt an der **engsten Stelle** und steigen durch eine kaum einen Meter breite ausgewaschene Rinne. Eine weitere Felshürde kann wiederum links umgangen werden.

Der Canyon weitet sich etwas und lässt schon am frühen Vormittag die Sonne herein. An die Hänge sich klammernde Kermeseichen heben sich als grüne Farbtupfer vom Himmel ab, im Schluchtbett wuchert wilder Oleander. Nach etwa einer halben Stunde teilt sich die Schlucht. Wir folgen dem weiterhin steinigen und etwas beschwerlich begehbaren rechten Arm. 10 Min. darauf kann eine Steilstufe am linken Rand umgangen werden, 50 m weiter wird ein

Felsriegel ebenfalls links durch ein Nadelöhr passiert. Abermals gehen wir durch eine Zaunöffnung. Die Wände sind nun weniger hoch, zur Rechten ist bereits genügend Raum für einen Olivenhain, vor uns öffnet sich der Blick auf die kahlen Ausläufer der Díkti-Berge.

Abermals sperrt ein **Zaun** die Schlucht ab (1 Std.). 10 m davor verlassen wir das Flussbett nach rechts, gehen den Olivenhain hinauf und erreichen am Zaun entlang nach 100 m ein Metalltor, das uns Durchlass gewährt. Auf der anderen Seite des Zauns gehen wir zurück ins Flussbett und folgen diesem eine Dreiviertelstunde bis zu einem weiteren **Weidezaun** (1.45 Std.). Hier steigen wir rechts 8 m zu einem parallel verlaufenden Weg hoch. Sofern wir uns entscheiden sollten, nicht wieder durch die Schlucht zurückzugehen, wird uns nach dem Abstecher nach Tápes dieser Weg zurück nach Krítsa bringen. Wir öffnen das Gatter und folgen dem parallel zum Fluss-

bett laufenden Feldweg weiter flussaufwärts. Kurz darauf zeigt sich auf dem Schluchtrand der Ort Tápes, der sogleich wieder hinter Eichen und Ölbäumen verschwindet.

An einem **Schafpferch** wechselt der holprige Fahrweg auf das orografisch rechte Flussufer, um 2 Min. später hinter einem weiteren Zaun wieder auf der linken Seite weiterzulaufen. 20 m dahinter queren wir abermals das Flussbett und gehen auf einem zunächst gut erkennbaren Pfad durch eine Olivenplantage (2 Std.). Wir kommen zu einer **Wassertränke;** kreuzende Ziegenpfade machen den weiteren Wegverlauf nun etwas unübersichtlich. Etwa 8 m links von der Tränke steigen wir steil aufwärts und lassen uns durch verblasste blaue Markierungen über Terrassen den Hang hochleiten. Unter dem immergrünen Laub der Ölbäume treffen wir nach kurzem Anstieg auf einen Feldweg – diese Stelle sollten wir uns für den Rückweg einprägen. Wir folgen dem Feldweg nach rechts. Am ersten Haus von **Tápes** geht es links einen Pfad aufwärts. Der Weg ist nach 50 m betoniert und läuft durch das Unterdorf zur **Taverne Oprinos** (2.30 Std.).

Mit einem Tässchen Kaffee oder einem kühlen Drink gestärkt beginnen wir den **Rückweg.** Wir gehen zurück bis zu der Stelle, an welcher der Feldweg vor dem Weidezaun endet (3 Std.). Hinter dem Gatter beginnt ein steiniger **Maultierweg,** der parallel zum Flussbett schräg den

Das hübsche Bergdorf Krítsa ist ein viel besuchtes Ausflugsziel. Die gleichnamige Schlucht ist vom Ortskern schnell zu erreichen.

felsigen Schluchtrand hinaufläuft. Am oberen Rand der Schlucht erreichen wir eine Trockenmauer. Der bis dahin ausgebaute Maultierweg setzt sich nun als steiniger Pfad fort. Es geht wieder leicht bergab auf zwei große **Betonbauten** zu. Der Pfad wird zu einem breiten Schotterweg, auf dem wir den hinteren Betonbau links liegen lassen. Die als Einschnitt wahrnehmbare Krítsa-Schlucht liegt etwa einen halben Kilometer südwestlich von uns. 3 Min. nach Passieren eines **Wasserbeckens** folgen wir an einer Gabelung dem linken Weg bergab und gehen rechts an einem Schafpferch mit Stallungen vorüber. Linker Hand können wir die Straße zur dorischen Bergsiedlung Lató erkennen.

Etwa 50 m unterhalb des Pferchs verlassen wir in einer Linksbiege den Schotterweg geradeaus und nehmen den **Maultierweg** wieder auf. Der stellenweise verwachsene Pflasterweg läuft Höhe haltend zwischen Steinmauern und Zäunen hindurch. Weit vor uns erblicken wir den Sendemasten auf der Höhe von Kroústas. Der Weg schwenkt nach rechts auf die Häuser von Krítsa zu. Wir steigen zu einem Feldweg ab, der uns rechts durch einen Olivenhain zurück zu unserem Ausgangspunkt am **Schluchteingang** bringt (4 Std.).

Die Bibel als Bilderbuch

Die spätbyzantinische Kirche Panagía i Kerá (geöffnet tgl. 8.30–15 Uhr) liegt unterhalb des Bergdorfes Krítsa und gilt zu Recht als die schönste Inselkirche. Attraktion der äußerlich recht schlicht und gedrungen wirkenden dreijochigen Kuppelkirche aus dem 13. Jh. ist der komplett mit Fresken ausgemalte Innenraum. Das farbenfrohe biblische Bildprogramm blieb über die Jahrhunderte hinweg bis heute erhalten. Fast lehrbuchmäßig wird dem Besucher die kunsthistorische Entwicklung der Freskenmalerei aufgezeigt. Das Mittelschiff als ältester Teil der Kirche ist noch ganz im orthodoxen byzantinischen Stil ausgemalt, während die ausdrucksstarken Fresken in den beiden später angefügten Nebenschiffen bereits deutlich den Einfluss der italienischen Renaissance erkennen lassen.

Panoramaweg im Hinterland

Von Mardáti über Kroústas nach Ístro

Nur einen Steinwurf von der Ferienhochburg Ágios Nikólaos entfernt erstreckt sich ein von Olivenhainen und Obstgärten überzogenes ländlich geprägtes Hügelland. Der beschauliche Wanderweg führt unter anderem in das Bergdorf Kroústas mit seiner von Maulbeerbäumen gesäumten Dorfstraße.

DIE WANDERUNG IN KÜRZE

+ Anspruch

4.30 Std. Gehzeit

13 km Länge

Charakter: Aussichtsreiche Streckenwanderung auf alten Pfaden und Schotterwegen mit moderaten An- und Abstiegen. Viele Verzweigungen

Einkehrmöglichkeiten: Etliche Kaffeehäuser in Kroústas

Anfahrt: Autofahrer zweigen am Ortsrand von Agios Nikólaos von der Nationalstraße in Richtung Krítsa ab und fahren bis Mardáki. Vom Endpunkt der Wanderung dann mit dem Bus bis zum Busbahnhof in Agios Nikólaos, von dort weiter mit dem Krítsa-Bus oder einem Taxi nach Mardáki.
Mit dem Bus: Von Ágios Nikólaos fährt man mit dem Krítsa-Bus bis Mardáti. Vom Zielort Ístro gelangt man mit einem der von Sitía oder Ierápetra kommenden Überlandbusse nach Ágios Nikólaos.

Von der Bushaltestelle in **Mardáti** folgen wir zunächst der Durchgangsstraße dorfauswärts in Richtung Krítsa. Etwa 100 m hinter dem Ortsschild verlassen wir die Straße links in einen Wirtschaftsweg. Vom Wegeinstieg können wir bereits den Sendemasten von Kroústas erkennen, der hoch auf dem Berg vor uns das erste Etappenziel sein wird. Der Feldweg läuft leicht abwärts durch Johannisbrot- und Ölbäume. Schon nach 2 Min. zweigen wir links in einen Betonweg ab, den wir nach 10 m jedoch wieder nach rechts in einen Feldweg verlassen. An der nächsten Verzweigung geradeaus gehend queren wir eine Kreuzung

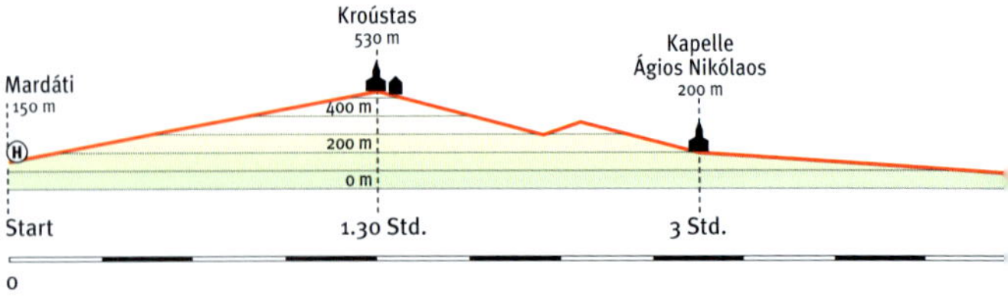

und kommen 30 m dahinter an ein Flussbett, an dessen gegenüberliegendem Ufer sich der Fahrweg fortsetzt.

Auf kräftigem Anstieg durch einen mit Kiefern durchsetzten Olivenhain gewinnen wir rasch an Höhe und schauen rechter Hand bald auf die pittoresk an eine Felswand geschmiegten Häuser von Krítsa. Noch hoch über uns steht der Sendemast, auf halber Höhe darunter die weiße Kapelle Ágios Apóstoli. Nach einer knappen halben Stunde gelangen wir zu einer bewohnten **Windmühle.**

An der Kreuzung wenige Schritte darauf gehen wir geradeaus weiter auf die Kapelle zu. An der Verzweigung 2 Min. weiter wählen wir den rechten Weg. Die nicht mehr einsehbare Kapelle wird links liegen gelassen. An einem weiteren Wegkreuz geht es geradeaus und an der Verzweigung kurz darauf nicht links, sondern ebenfalls geradeaus nun etwas steiler ansteigend auf einen Bergrücken zu. Der Feldweg verjüngt sich zu einem Pfad; im Frühjahr blühen hier rosafarbene Zistrosen und der würzige Duft von Thymian liegt in der Luft.

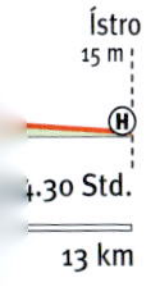

Wir erreichen ein von Feigenbäumen und üppigem Grün umwuchertes **Wasserreservoir** (45 Min.). Hinter dem kleinen Becken schwenkt der Pfad nach rechts und zeigt stellenweise seine alte Pflasterung. Nach Norden haben wir jetzt eine freie Sicht auf Ágios Nikólaos am Mirambéllou-Golf. Gut 5 Min. nach Passieren des Wasserreservoirs trifft der Pfad auf einen breiten Schotterweg, auf dem wir nur noch leicht ansteigend links zum Sendemasten wandern. Wir genießen nun auch weite Ausblicke auf die von einer markanten Landzunge eingefasste Bucht von Ístro, hinter der die Ornó- und Thriptí-Berge eine eindrucksvolle Kulisse abgeben.

Den **Sendemasten** lassen wir rechts liegen und folgen weiter geradeaus immer dem Hauptweg, der zunächst ein Stück unterhalb der Kammhöhe weiterläuft. Vorbei an Mandelbäumen passieren wir Ziegenpferche und Ställe mit gackerndem Federvieh. Vor dem schon in Sichtweite gelegenen großen Dorf Kroústas treffen wir auf einen Betonweg, auf dem wir links in wenigen Minuten ein Teersträßchen am Ortsrand erreichen. Dieses verlassen wir sogleich links neben dem ersten Kafeníon und schlagen uns durch das Gassengewirr zur breiten Dorfstraße durch. Wir folgen der Hauptstraße links zum kleinen Dorfplatz von **Kroústas,** an dem sich zwei Kaffeehäuser und eine Telefonzelle befinden (1.30 Std.).

Nach kurzer Rast in einem der Kaffeehäuser biegen wir an der Telefonzelle neben dem Haus mit einem gelben Briefkasten in eine betonierte Gasse ein. Nach gut 50 m halten wir uns rechts, 20 m weiter links. Wir folgen dieser Gasse, bis sich der Blick zum Meer hinab öffnet und biegen dann vor einer Zypresse rechts in eine von einer Mauer begrenzten Gasse ab. Sogleich passieren wir eine Kapelle mit rotem Ziegeldach. Wir sind nun am unteren Ortsrand von Kroústas; leicht abwärts gehend kommen wir an putzig anzuschauenden Häuschen vorbei. Links am Weg liegt eine Zisterne mit einer schon antik anmutenden Handpumpe. Die Häuser machen Kleingärten mit Zitrus- und Aprikosenbäumen Platz.

An drei runden **Dreschplätzen** gabelt sich der Betonweg. Wir folgen dem Weg links am Rand einer Schlucht bergab und genießen die Aussicht auf die weit unten gelegene Bucht von Ístro. Der Betonweg wird zu einem Feldweg. Sobald dieser nach rechts läuft, verlassen wir ihn geradeaus in einen von Trockenmauern eingefassten Mulipfad. 5 Min. später treffen wir wieder auf den Feldweg, gehen auf ihm etwa 7 Min. weiter abwärts, bis er scharf nach links abknickt. Hier setzt sich geradeaus der Mulipfad fort, der uns durch dornige Phrygana in eine **Schlucht** hinabbringt. Wir queren das von glatt geschliffenen Steinen gefüllte Schluchtbett und steigen sogleich wieder auf (2.15 Std.). Vom oberen Schluchtrand aus sehen wir auf Ágios Nikólaos hinab, im Osten erblicken wir das an einen Bergzug geschmiegte Kaló Chorió.

Von nun an geht es nur noch bergab dem Meer entgegen. Zur Rechten öffnet sich ein neues Tal, wir haben nun wieder Kulturland erreicht. Über aufgelassene Terrassen mit Ölbäumen bringt uns der stellenweise verwachsene, doch mit roten und blauen Punkten markierte Pfad zur Kapelle **Ágios Nikólaos** (3 Std.).

Von der Kapelle wandern wir auf dem anfangs betonierten Weg durch

Blick über die Bucht von Ístro auf die oft verhangenen Thriptí-Berge

ausgedehnte Olivenplantagen zu einem Bachbett hinab. An der Verzweigung danach folgen wir rechts dem Hauptweg. 20 Min. nach Erreichen des Bachbetts mündet eine von rechts oben kommende Piste in unseren Weg ein. An der Gabelung 40 m weiter halten wir uns links leicht bergab parallel zum steinigen Flussbett.

Nachdem wir zwei zum Fluss abzweigende Fahrwege passiert haben, erreichen wir eine **Furt** (4 Std.). Hier verlassen wir die Erdstraße und queren auf dem Betonweg das Flussbett. Das nun asphaltierte Sträßchen führt an einem großen landwirtschaftlich genutzten Bau mit gelben Strebepfeiler vorbei und stößt am Ortsausgang von **Ístro** auf die Schnellstraße Ágios Nikólaos–Sitía. Auf dieser nach rechts gehend erreichen wir nach 5 Min. an einer Taverne das Buswartehäuschen (4.30 Std.).

Tour 25

Hinauf ins Almdorf Thriptí

Von Kavoúsi über Thriptí nach Monastiráki

Kretas Wespentaille zwischen Pachiá Ammos am Golf von Mirambéllou und Ierápetra am Libyschen Meer wird im Osten von den Thriptí-Bergen überragt. Das stattliche Mittelgebirge lädt zu aussichtsreichen Wanderungen ein. Von Kavoúsi führt ein Maultierweg zu einer Almsiedlung, die nur im Sommer von Leben erfüllt ist.

DIE WANDERUNG IN KÜRZE

++ Anspruch

6 Std. Gehzeit

1340 m An-/Abstieg

Charakter: Weitgehend schattenloser langer Aufstieg auf altem Pflasterweg; bequemer und aussichtsreicher Abstieg auf breiten Schotterwegen. Gesamtlänge von 14 km.

Einkehrmöglichkeiten: Taverne Thriptí Rania (geöffnet von Mai bis Oktober) in Thriptí sowie ein nettes Kafeníon in Monastiráki

Anfahrt: Mit dem Pkw: Wer zum in Kavoúsi geparkten Pkw zurück muss, fährt mit dem Ierapetra-Bus bis Pachiá Ammos und steigt dort in den Sitía-Bus um. Dies kann je nach Anschluss u. U. länger dauern, als die 8 km auf der Straße zu Fuß hinter sich zu bringen. **Mit dem Bus:** Der Ausgangsort Kavoúsi liegt an der Buslinie Ágios Nikólaos–Sitía. Rückfahrt mit einem von Ierápetra kommenden Überlandbus nach Ágios Nikólaos.

Wir beginnen die Wanderung an der Hauptstraße in **Kavoúsi** gegenüber dem ausgeschilderten Abzweig zum Thólos Beach. Links von der großen Kirche folgen wir einem von Maulbeerbäumen gesäumten Sträßchen zur Ortsmitte hinauf. An dem kleinen Dorfplatz mit Kafeníon und Brunnen biegen wir links in einen Betonweg ein, um wenige Schritte darauf abermals links die Gasse steil bergauf zu gehen. Rechter Hand passieren wir das Kirchlein **Ágios Geórgios** und treffen am oberen Dorfrand auf eine weitere Kirche. Der Weg verengt sich zu einem Pflasterweg, der anfangs

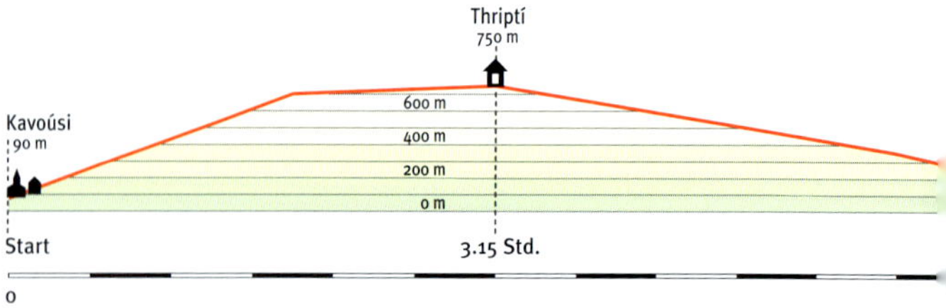

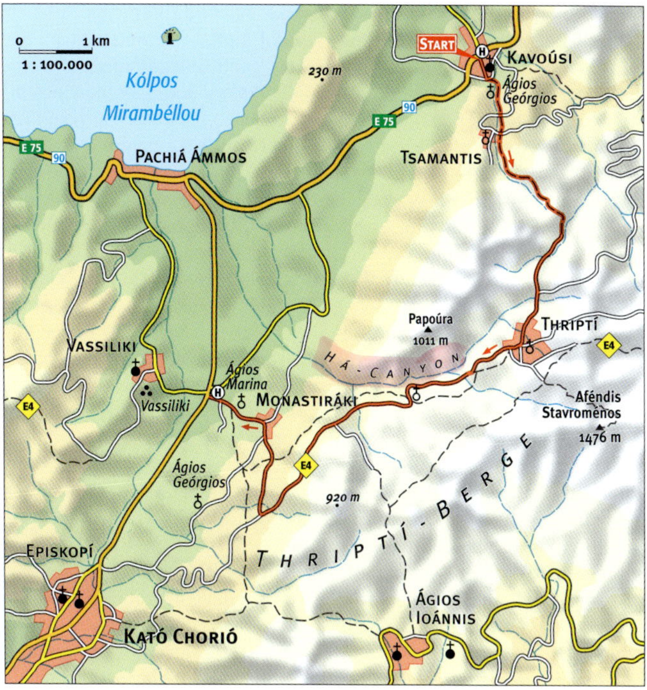

von einer betonierten Wasserrinne begleitet wird.

Im weiteren Wegverlauf wird zweimal eine Schotterstraße überquert, an der Verzweigung darauf gehen wir ein Stück auf einem Feldweg weiter geradeaus bergan und treffen 100 m weiter erneut auf die Schotterstraße. Wir folgen ihr rechts eine Kehre hinauf und wenden uns an der großen **Gabelung** (rechts weist ein Schild zu einer archäologischen Ausgrabungsstätte) nach links (30 Min). Nach 200 m signalisiert die Wasserrinne, dass rechts von einer mit Ölbäumen besetzten Terrassenmauer wieder der Pflasterweg einsetzt. Der Weg ist stellenweise etwas verwachsen, unter Olivenbäumen und Kermeseichen wuchern Zistrosen, Thymian sowie Stech- und Besenginster um die Wette. Der Pflasterweg berührt mehrmals die parallel verlaufende Schotterstraße. Mit zunehmender Höhe genießen wir eine schöne Aussicht auf das zu Füßen liegende Kavoúsi und das Inselchen Nísi Psíra (»Flohinsel«) im Golf von Mirambéllou.

Am Fuß einer rot eingefärbten **Steilwand** stoßen wir hinter einem Zaun auf einen Fahrweg, der hier endet (1.15 Std.). Wir folgen der breiten

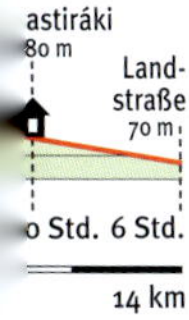

Pflasterung links am Zaun weiter bergauf und haben nun einen weiten Blick über den Mirambéllou-Golf. Besonders malerisch zeigen sich die wie Finger ins Meer ragenden Kaps von Ístro, im Nordwesten können wir Eloúnda und die vorgelagerte Insel Spinalónga ausmachen.

Der Pfad windet sich in engen Kehren an der Nordflanke der Felswand hoch und entpuppt sich spätestens jetzt als ein botanischer Lehrpfad der Extraklasse. Charakteristisch für die Phrygana Ostkretas ist die am Wegrand dominierende Dornbusch-Wolfsmilch, deren kugelige Polster im Frühjahr der Landschaft ihren Stempel aufdrücken. Neben den allgegenwärtigen Kerzenblüten des Gelben Affodill sind im zeitigen Frühjahr auch einige Stars der kretischen Wildflora anzutreffen, darunter die Kretische Schwertlilie sowie etliche Orchideenarten wie etwa die Ragwurz und eine endemische Unterart des Anatolischen Knabenkrauts.

Vorbei an aufgelassenen Terrassen mit verwilderten Weinstöcken läuft der Weg an der orografisch linken Seite eines v-förmig eingeschnittenen Tals hoch, wechselt auf die rechte Talseite und mündet – nach langem Aufstieg auf einem **Bergkamm** – in eine Schotterstraße (2.15 Std.). Vor uns baut sich der von einem Sendemasten bestandene Aféndis Stavroménos auf. Wir folgen dem Schotterweg links mehr oder weniger Höhe haltend unterhalb des Kamms entlang. In einer langen Rechtsschleife wird ein Talschluss umlaufen.

Nach 25 Minuten auf der Schotterstraße gehen wir an einem Wegdreieck an einigen Häusern rechts leicht aufwärts und schauen an der Kreuzung 2 Min. darauf auf das auf einer Anhöhe thronende Kirchlein von **Thriptí.** Links weist ein auf den Fels gepinselter Pfeil zur Taverne Aféndis, wir überqueren jedoch die Kreuzung und steigen auf dem weniger deutlich ausgeprägten Fahrweg in eine Senke ab und erreichen 100 m darauf den Ortsrand von Thriptí. Links haltend führt ein betonierter Weg durch das Dorf. Unterhalb der nun nicht mehr einsehbaren Kirche stoßen wir auf einen weiteren Betonweg, wir folgen ihm geradeaus leicht aufwärts und erreichen schließlich die **Taverne Thriptí Rania** am Südwestrand des Dorfes (3.15 Std.). Sofern geöffnet, lässt sich von der Terrasse des einfachen Gasthauses das Panorama auf den Aféndis Stavroménos genießen.

An der **Wegespinne** 15 m oberhalb der Taverne treffen fünf Pisten zusammen. Der Hauptweg ist zugleich der Europäische Fernwanderweg E 4, der links nach Orinó, rechts hinab nach Káto Chorió führt. Bevor wir uns auf den langen Abstieg machen, können wir an dem Brunnenstock die Wasservorräte auffüllen. Wir verlassen Thriptí zunächst Höhe haltend auf dem Fahrweg nach rechts. An der Gabelung nach 60 m halten wir uns rechts bergab – an einer Hauswand bestätigt eine E 4-Markierung die eingeschlagene Richtung. Rechts schauen wir in die Küstenebene und auf den Golf von Mirambéllou, weit vor uns liegt das Díkti-Massiv. Bald können wir zur Rechten auch den tiefen Einschnitt des Há-Canyons ausmachen.

Der Weg läuft durch einen stattlichen **Kiefernwald** kontinuierlich bergab. An einer Gabelung 20 Min. nach Verlassen des Dorfes Thriptí gehen wir geradeaus (links zeigt ein Schild nach Ágios Ioánnis) und blei-

Im Mai sind die Hügel am Fuße der Thripí-Berge von Kretischem Ebenholz eingefärbt.

ben auch die folgende Stunde auf dem Hauptweg. Noch tief unter uns schauen wir auf die Schnellstraße, die Ierápetra mit der Nordküste verbindet. Nach insgesamt anderthalb Stunden ab Thriptí verlassen wir an einem **Abzweig** den Fahrweg nach Káto Chorió in einen im spitzen Winkel rechts abgehenden Schotterweg – ggf. steht hier noch eine schwarzgelbe Metallstange von dem einstmals gut ausgeschilderten E 4-Weg (4.45 Std.).

Nun in Laufrichtung zur Nordküste schlängelt sich der ab und an mit Stangen markierte steinige Schotterweg die Westflanke der Thriptí-Berge hinab und trifft kurz vor dem versteckt gelegenen Weiler **Monastiráki** auf eine schmale Teerstraße (5.30 Std.). Links haltend gelangen wir in 2 Min. in das verträumte Minidorf mit zwei Dutzend Häusern und einer freundlichen Taverne vis-a-vis eines herausgeputzten Kirchleins. An der Taverne gehen wir auf schmalem Weg durch das Dorf und treffen am südwestlichen Ortsausgang unterhalb der letzten Häuser wieder auf den mit E 4-Stangen markierten Feldweg. Dieser stößt nach einer knappen halben Stunde auf die **Schnellstraße** Ierápetra–Ágios Nikólaos (6 Std.). Die Bushaltestelle liegt direkt an dieser Einmündung auf die Straße.

In die Ornó-Berge

Von Lástros nach Kavoúsi

Östlich von Ágios Nikólaos bilden die Ornó-Berge trotz der für kretische Verhältnisse relativ bescheidenen Höhe von maximal 1 240 m eine imposante Kulisse über dem Golf von Mirambéllou. Das Mittelgebirge ist lediglich durch Maultierwege und unbefestigte staubige Erdpisten erschlossen.

DIE WANDERUNG IN KÜRZE

++ Anspruch

3 Std. Gehzeit

8 km Länge

Charakter: Aussichtsreiche Wanderung auf überwiegend alten Maultierwegen und Pfaden; einige Passagen erfordern etwas Orientierungsvermögen.

Einkehrmöglichkeiten: Kaffeehäuser und Tavernen in Kavoúsi

Anfahrt: Mit dem Pkw: Autofahrer parken in Lástros in der Nähe der Bushaltestelle und fahren von Kavoúsi mit dem Bus zum Ausgangspunkt der Wanderung zurück. **Mit dem Bus:** Ausgangs- und Endpunkt der Wanderung liegen an der Buslinie Ágios Nikólaos–Sitía.

Hinweis: Für die z. T. mit stachliger Phrygana verwachsenen Pfade empfehlen sich lange Hosen.

Von der Bushaltestelle in **Lástros** folgen wir der Überlandstraße 400 m in Richtung Ágios Nikólaos bis zu einer ausgeprägten Rechtskehre. Von dort bringt uns vor einer langen **Leitplanke** ein Trampelpfad in wenigen Schritten zu einem im Sommer ausgetrockneten Bachlauf. Ein leicht ansteigender Pflasterweg beginnt, der von üppig wuchernder Phrygana stellenweise ziemlich verwachsen ist und aufgrund zahlreicher abzweigender Pfade in der Wegführung zunächst auch nicht immer eindeutig ist. 4 Min. nach Verlassen der Straße halten wir uns vor einer Hausruine links und folgen dem Pfad auf der orografisch linken Seite des Bachbetts. Wenig später steigt der Pfad nochmals kurz ins Bachbett hinab und verzweigt sich. Hier gehen wir auf dem stark überwucherten Pfad rechts hangaufwärts und stoßen auf einen **Feldweg** (30 Min.). Auf

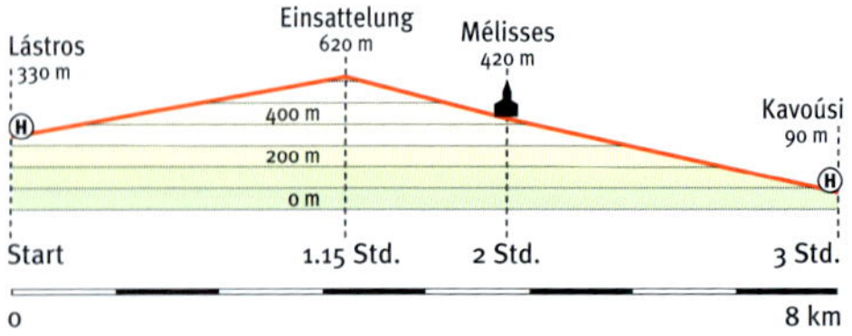

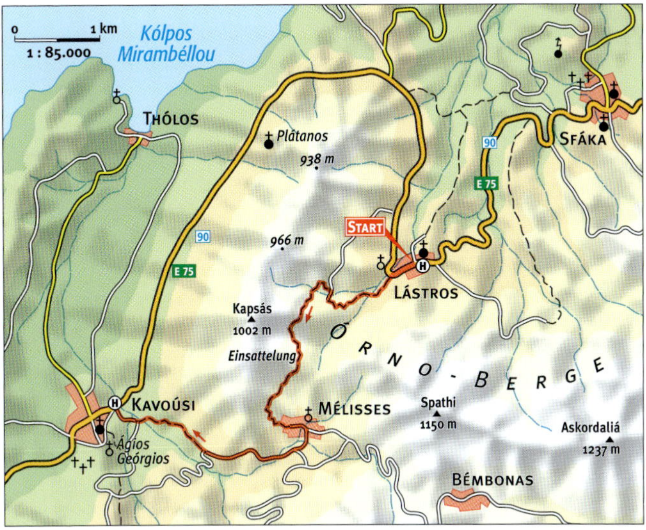

der felsigen Böschung vor uns zeigt ein aufgemalter roter Längsbalken, dass wir richtig sind.

Auf dem Feldweg wenden wir uns Höhe haltend nach rechts und genießen dabei die schöne Aussicht hinab auf Lástros. Nach 50 m setzt sich der Pfad links hoch fort; auch hier achten wir auf einen roten Markierungspunkt. Die Landschaft öffnet sich, der Weg läuft nun mäßig steil ansteigend am Hang des Kapsás entlang. An einer Gruppe von Agaven und Feigenkakteen halten wir uns links (unscheinbare rote Markierung) und gehen an einem eingezäunten Garten mit Zitrusbäumen vorbei. Im Frühjahr vereinen sich am Wegrand blühende Kräuter wie Salbei, Thymian und Oregano zu einem würzig duftenden Aromacocktail.

Der Weg ist nun deutlich ausgeprägt und zieht am Rand eines Taleinschnitts hinauf. Das Kulturland wird zunehmend von anspruchsloser Phrygana abgelöst. Etwa 20 m oberhalb der letzten Ölbäume erreichen wir eine undeutliche **Verzweigung** (45 Min.). Wir folgen dem Pfad nach links und stoßen nach 2 Min. auf einen Drahtzaun, den wir durch ein Gatter passieren. Wenige Schritte darauf wechselt der Pfad auf die andere Talseite. Der Weg läuft parallel zum Taleinschnitt weiter sanft ansteigend in südlicher Richtung zu einer Einsattelung hoch, über die hinweg der Sendemasten auf dem Aféndis Stavroménos hervorspitzt.

Von der **Einsattelung** zeigt sich jetzt das Thriptí-Gebirge mit dem Aféndis Stavroménos in seiner voller Größe (1.15 Std.). Nun beginnt der **Abstieg** nach Mélisses. Der alte Pflasterweg existiert jedoch nicht mehr. Wir halten uns rechts auf dem undeutlichen Pfad und lassen uns von bereits sehr verblassten roten Punktmarkierungen leiten. Dabei orientieren wir uns an einer schräg hinablaufenden markanten **Felswand** vor uns. Nach Südosten weitet sich bald der Blick auf das in einem Hochtal gelegene Mélisses.

Blick von Lástros auf die Ornó-Berge

Am oberen Rand der verstreuten Siedlung schauen wir auf die Dorfkapelle hinab.

Unser Weg ist jetzt nicht mehr als ein Ziegenpfad; wir steigen teils steil über aufgegebene Terrassen am Hang ab, der Talgrund links von uns liegt etwa 50 Höhenmeter tiefer. Unterhalb der erwähnten Felswand können wir die **Überreste** eines alten Dorfteils erkennen, die wir nun ansteuern. Direkt oberhalb der Hausruinen stehend suchen wir nun links von den Mauerresten einen Pfad, der in den Talgrund hinabführt. Wir laufen zunächst etwa 100 m am Rand des Einschnitts taleinwärts und queren schließlich den Talgrund. Auf der anderen Seite halten wir auf das Kirchlein von **Mélisses** zu, unter dem weitere verfallene Häuser liegen. Hinter einem Gatter läuft der Pfad an einem Maschendrahtzaun rechts bergab und trifft schließlich am Fuß des Bergdorfes auf die Erdstraße (2 Std.).

Wir folgen der Erdstraße bergab, nehmen an der großen Gabelung nach 5 Min. den rechten Weg, bleiben also auf der rechten Talseite, und genießen das Panorama auf die Díkti-Berge und den Mirambéllou-Golf. Nach etwa einem Kilometer verlassen wir in einer scharfen Linkskurve den Fahrweg geradeaus. Nun beginnt ein herrlicher Pflasterweg, der uns am rechten Rand eines Tals hinab nach Kavoúsi bringt. Der alte Dorfverbindungsweg entpuppt sich als ein Meisterwerk kretischer Wegbaukunst; gut 3 m breit ist er aufwändig mit Stützmauern befestigt. Wir queren auf ihm einen mehr als 100 m breiten Schutthang. Links unter uns verengt sich das Tal zu einem Canyon, vor uns rückt das Wanderziel Kavoúsi ins Blickfeld.

Im Zickzack steigen wir nun zum Schluchtbett ab, von dem uns ein Feldweg durch einen Olivenhain an den Ortsrand von **Kavoúsi** bringt. Hier folgen wir rechts dem Betonweg zur Schnellstraße, auf der wir links gehend nach 2 Min. die Bushaltestelle vor der großen Kirche erreichen (3 Std.).

Schlucht der Schmetterlinge

Von Koutsourás durch die Dasakí Faragi zur Kapelle Ágios Dimítrios

Dank eines im Winter Wasser führenden Baches zeigt sich die Dasakí-Schlucht auch im Sommerhalbjahr in einem grünen Kleid. An den Ufern des kleinen Canyons wetteifern Oleander, wilde Feigenbäume und üppige Schilfbestände um einen Platz an der Sonne.

DIE WANDERUNG IN KÜRZE

++
Anspruch

2.30 Std.
Gehzeit

4 km
Länge

Charakter: Kurze Schluchtbegehung ohne große Anstiege, eine Steilstelle lässt sich mit einer angebrachten Kletterhilfe überwinden. Angesichts der Kürze ist die Wanderung auch im Sommer machbar.

Einkehrmöglichkeiten: Keine am Weg, etliche Tavernen in Koutsourás

Anfahrt: Mit dem Pkw: Von Ierápetra fährt man auf der Küstenstraße 20 km in Richtung Sitía bis zum ausgeschilderten Communal Park of Koutsourás. Dort gibt es einen Parkplatz. **Mit dem Bus:** Der Gemeindepark liegt an der Busverbindungsstrecke Ierápetra–Sitía etwa einen Kilometer westlich von Koutsourás und hat eine eigene Haltestelle.

Wir beginnen die Wanderung am großen Parkplatz vor dem **Gemeindepark Koutsourás.** Vorbei an Fächerpalmen lassen wir vor einem Eisentor einen Spielplatz links liegen. Hinter dem Tor beginnt ein Schotterweg, der durch ein lichtes Kiefernwäldchen zum Schluchtein-

Felsüberhänge am Eingang der Schmetterlingsbucht

gang führt. Im Frühsommer begleitet uns der Ohren betäubende Gesang der Zikaden.

Die Piste endet vor dem Eingang der **Dasakí-Schlucht** (10 Min.). Im Schluchtbett wuchert wilder Oleander, in den Felswänden fallen Höhlen ins Auge. Auf einem Pfad erreichen wir einen markierten Felsen namens »Echo«. In den Sommermonaten ist diese Stelle oftmals von kleinen roten Schmetterlingen umlagert, die der Schlucht ihren Namen gaben.

Der weitere Wegverlauf ist durch die Schluchtwände vorgegeben, gelbe Markierungen zeigen zudem schnell, wo ein Fels oder ein entwurzelter Baumstamm umlaufen werden kann. Nach dem »Echo« passieren wir in einer ausgewaschenen Felsrinne eine markante Engstelle. Bald darauf versperrt ein etwa 4 m hoher **Katarakt** den Weiterweg, vor dem sich im Frühling ein Wassertümpel befindet (30 Min.). Mit Hilfe einer herunterbaumelnden Kletterhilfe (Seil oder Schlauch) kann die Steilstufe relativ problemlos gemeistert werden – ein bisschen Geschicklichkeit braucht es dazu allerdings schon.

Die Schlucht beginnt sich zu weiten. Der Trampelpfad wechselt mehrmals die Seite, mitunter läuft er direkt durch das steinige Bett. Wiederum versperren Felsen den Weg, doch wir können die Steilstufe auf einem Saumpfad umgehen. Ein Waldbrand hat die Kiefernbestände arg angegriffen, mahnend liegt noch so manches Baumskelett am Weg. Doch zumindest der Unterwuchs hat wieder kräftig ausgeschlagen, mitunter kann der Pfad ziemlich verwachsen sein.

Unser Weg steigt am orografisch linken Schluchtrand zu einem alten Wasserkanal hoch, der von dichtem Schilf gesäumt wird. Abermals wird das Bachbett gequert, ein Feldweg bringt uns dann durch eine kleine Olivenplantage zur Kapelle **Ágios Dimítrios** hinauf (1.15 Std.). Auf der gemauerten Bank vor der Kapelle lässt es sich im Schatten einer Zypresse rasten und von dort kann man durch den v-förmigen Einschnitt der Schlucht auf das Meer und die vorgelagerte Insel Koufonísi schauen.

Von der Kapelle gehen wir auf gleichem Weg wieder durch die Schlucht zu unserem Ausgangspunkt – des **Gemeindeparks Koutsourás** – zurück (2.30 Std.).

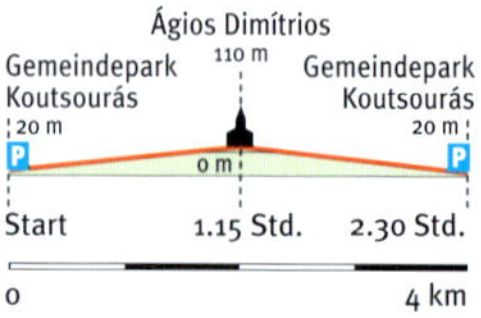

Olivenhaine und Orchideen

Von Análipsi durch die Péfki-Schlucht

Von dem kleinen Badeort Análipsi an der Südküste führt ein leicht begehbarer Schluchtweg ins pittoreske Bergdorf Péfki. Im Frühjahr sind die ausgedehnten Olivenhaine rund um den Ort für Orchideenliebhaber eine Augenweide.

DIE WANDERUNG IN KÜRZE

+ Anspruch

4 Std. Gehzeit

9 km Länge

Charakter: Einfache Schluchtwanderung auf Schotterwegen und gut ausgebauten Pfaden zu einem schön gelegenen Bergdorf

Einkehrmöglichkeiten: Kafeníon Pipería in Péfki

Anfahrt: Mit dem Pkw: Análipsi liegt 26 km östlich von Ierápetra und ist über die Küstenstraße zu erreichen. 400 m vor dem Ort befinden sich die Apartments Villea Village. Dem Schild »White River Cottages« folgend biegt man links in eine Erdstraße ein. Dort parken. **Mit dem Bus:** Mit der Linie Ierápetra – Sitía nach Análipsi. Die Bushaltestelle befindet sich an der Küstenstraße.

Von der Bushaltestelle am Sunwing Resort in **Análipsi** gehen wir zunächst auf der Straße 400 m abwärts in Richtung Ierápetra. An den Apartments Villea Village zweigt am Schild »White River Cottages« rechts eine Erdstraße ab (Autofahrer können hier parken). Das Sträßchen führt durch einen Olivenhain an einem von Schilf bestandenen Bachbett entlang. An einer Furt wird das Bachbett gequert, es geht unter einer neuen Straßenbrücke hindurch. Auf der rechten Seite verstecken sich in schöner Lage die schmucken Feriendomizile von **Aspros Pótamos** (15 Min.). Nach den Hamlet Cottages queren wir das Trockenbett auf einer weiteren Furt, hinter der ein Pfad zu den White River Cottages abgeht. Wir folgen jedoch der Piste weiter geradeaus, lassen den nächsten rechts abzweigenden Weg unbeachtet und gehen an der Kreuzung gut 5 Min. später links. Der Schotterweg steigt hier

kräftig an. An einer Gabelung 5 Min. halten wir uns rechts. Nun schon hoch auf der linken Talseite bietet sich eine schöne Aussicht zurück auf Análipsi und den Hafen von Makrígialos. Ein lichter Kiefernwald säumt den Weg. Unter einer Hochspannungsleitung zweigt links ein mit einem roten Pfeil markierter schöner Weg ab (auf diesem werden wir von Péfki zurückkommen).

Weiter geradeaus gehend quert die Piste erneut auf einer **Furt** das Bachbett. 200 m darauf erreichen wir eine Infotafel und ein Schild mit der Aufschrift »Gorge« (45 Min.). Hier beginnt links ein Pfad, der am Eingang der Schlucht am linken Rand aufwärts führt. Der Pfad senkt sich bald in das üppig mit Platanen, Johannisbrotbäumen und Oleander begrünte Schluchtbett hinab. Auf der anderen Seite des Betts helfen zwei angebrachte **Eisenleitern** einen steilen Felsen hinauf. Das Nadelöhr der Schlucht ist erreicht. Siennarot gefärbte Wände ragen knapp 100 m senkrecht auf, an der rechten Wand haben sich kleine Tropfsteine gebildet. Hinter den Eisenleitern wollen wahllos in das Schluchtbett gestreute Felsblöcke umgangen werden; unser Pfad ist hier etwas verwachsen. Über glatt polierte Felsen kommen wir zu einer quer über dem Bachbett liegenden mächtigen **Felsplatte**, unter der man durchschlüpfen kann.

Knapp 10 m dahinter verlassen wir das Bachbett und steigen nun auf bequemem Pfad am orografisch rechten Rand der Schlucht auf. Im Frühjahr ergießt sich hier ein Wasserfall in einen ausgewaschenen Gumpen. Rechter Hand fasziniert die von Höhlen und Felsvorsprüngen bizarr gegliederte Schluchtwand. Auf Trittstufen erreichen wir am oberen Schluchtrand einen **Brunnen,** unter einer Pinie lädt eine Sitzbank zu einer Verschnaufpause ein (1.20 Std.). Hier steht ebenfalls eine Infokarte. Nach links weist ein Schild in Richtung »Pisokamino«, wir folgen jedoch dem nun breiteren, felsigen Pfad weiter aufwärts zu einem Feldweg. Vor uns schmiegt sich das Bergdorf Péfki malerisch an eine Felswand, darüber wacht die Bergkapelle Stavroménos.

In Richtung Dorf gehend erreichen wir die verfallenen Mauern von **Mílos** (1.30 Std.). An der ehemaligen Mühle steht eine weitere Bank mit einem Picknicktisch. Der Weg gabelt sich hier. Wir gehen nicht geradeaus, sondern folgen dem links vom Brunnen leicht ansteigenden Weg. 3 Min. darauf verlassen wir den Feldweg rechts in einen Maultierweg. Dieser läuft weiter in Richtung Péfki zunächst in eine Senke hinab. Bald geht es wieder bergan durch einen ausgedehnten Olivenhain. Kurz hinter einem Bachbett wird ein Querweg erreicht. Diesem folgen wir 5 m nach links zu einem ausrangierten Bus, um dann rechts wieder den Maultierweg aufzunehmen, der uns zur Straße am Ortseingang von **Péf-**

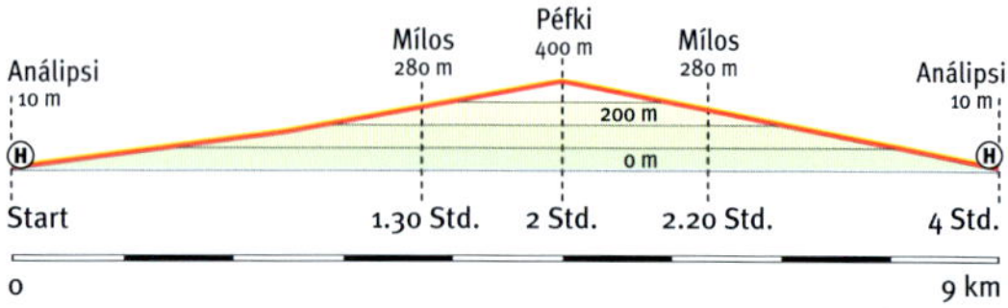

Ein gesicherter Steig läuft am Rand der Péfki-Schlucht entlang.

ki bringt (2 Std.). Durch verwinkelte Treppengassen erreichen wir das etwas versteckt gelegene Kafeníon Pipería, das im Schatten des namensgebenden Pfefferbaums kleine Snacks bereithält.

Für den **Rückweg** steigen wir auf gleichem Weg bis zum zweiten Brunnen ab (2.30 Std.). Kurz bevor wir den Brunnen erreichen, können wir über der von Höhlen durchlöcherten rechten Schluchtwand einen Holzzaun erkennen, an dem unser Pfad gleich entlangführen wird. Am Brunnen gehen wir dem Schild »Pisokamino« folgend geradeaus über ein Trockenbett, von dem sich im Frühjahr ein rauschender Wasserfall stürzt. Bald wandern wir direkt an dem mit einem Geländer gesicherten rechten Schluchtrand entlang. Von hier bietet sich ein eindrucksvoller Blick in die Schlucht hinab. Die Schluchtwand gegenüber fällt 100 m senkrecht ab, die Wand, auf der wir stehen, ebenfalls! Doch der Pfad ist breit genug, um kein Schwindelgefühl aufkommen zu lassen, zudem dient das Holzgeländer als psychologische Stütze.

Der teils gestufte und gepflasterte Mulipfad senkt sich in Serpentinen durch ein schon vor Jahren von einem Waldbrand verwüstetes Gebiet. Etliche umgestürzte Bäume liegen am Wegrand, dazwischen machen sich üppige Bestände von Kretischem Ebenholz breit, das im Mai mit einer rosafarbenen Blütenpracht die Hänge verzaubert. Der aussichtsreiche Pfad geht in einen breiteren Weg über, der sich nach 50 m gabelt. Der linke Strang mündet nach 150 m unter der Stromtrasse auf den vom Hinweg bekannten Schotterweg, auf dem wir wieder hinab nach **Análipsi** kommen (4 Std.).

Badespaß ab vom Schuss

Der Küstenweg von Vaï nach Palékastro

Sicherlich, Vaï ist der Superstrand von Ostkreta! Entsprechend groß ist der Rummel an der von einem dichten Palmengürtel gesäumten Bucht. Wer abseits vom Trubel stille Badeplätze sucht, ist mit dieser Küstentour gut beraten.

DIE WANDERUNG IN KÜRZE

+++
Anspruch

3.30 Std.
Gehzeit

8 km
Länge

Charakter: In ständigem Auf und Ab führt ein Pfad durch eine kleinteilig gegliederte Küstenlandschaft. Die Wanderung setzt Orientierungsvermögen in offenem Gelände voraus. Die Strecke ist zwar durchgängig markiert, doch die roten Punkte sind stark verblasst und die Markierungsstangen stehen zum Teil weit auseinander. Für eine steile Passage sollte man trittsicher und schwindelfrei sein. Die letzte halbe Stunde der Route läuft über eine Teerstraße.

Einkehrmöglichkeiten: Taverne in Maridati Beach, etliche Restaurants und Kaffeehäuser in Palékastro

Anfahrt: Mit dem Pkw: Autofahrer parken auf dem gebührenpflichtigen Parkplatz in Vaï und kehren mit dem Bus von Palékastro zum Ausgangspunkt zurück. **Mit dem Bus:** Von Sitía und Palékastro aus fahren mehrmals täglich Linienbusse nach Vaï.

Variante: Tour 29 kann mit Tour 30 zu einer großen Rundwanderung kombiniert werden.

Am südlichen Ende des Palmenstrands in **Vaï** steigen wir an der Strandtaverne den gepflasterten Treppenweg zum »View Point« hinauf. Von der Aussichtsplattform auf der steilen Felsrippe bietet sich ein postkartenreifer Fotoblick auf das dichte Fächerdach des Palmenwalds und ein dem Strand vorgelagertes kleines Felseneiland. Der südwärts verlaufende Küstenpfad beginnt direkt hinter dem Gatter am Aussichtspunkt. Schon nach 3 Min. zweigt ein Pfad zu einer **Nachbarbucht** ab. Diese wird von so manchem Rucksacktouristen als kosten-

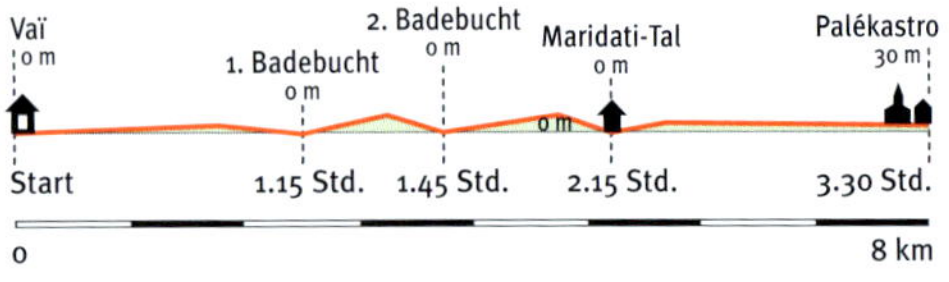

loses Nachtlager genutzt – in Vaï selbst ist das Kampieren streng verboten. Wir bleiben auf dem oberen Pfad und durchwandern eine von kleinwüchsigem Wacholder, Zistrosen und stachliger Phrygana überzogene Küstenlandschaft. Der Pfad ist zunächst gut markiert, neben roten Farbklecksen helfen vor allem Metallstangen mit rotem Punkt auf gelbem Schild.

Der Pfad senkt sich zu einer Bucht mit einem kleinen Kieselstrand ab und führt am Südrand der Bucht über verkarsteten Fels auf eine Einsattelung. Von dort geht es in ein Trockenbett hinab. Hier lohnt ein Abstecher zu einer idyllischen Badebucht. Wir folgen den blauen Markierungen zunächst durch das Trockenbett und gehen – wenn dieses zu dicht verwachsen ist – an dessen rechten Rand weiter. Am Meer erwartet uns eine von bizarren Felsen eingerahmte **Kieselbucht** wie aus dem Ferienprospekt (1.15 Std.). Wer Schatten sucht, kann sich in den Eingang einer kleinen Höhle zurückziehen.

Nach ausgiebigem Badestopp gehen wir zurück zum Hauptpfad und steigen zu einer Markierungsstange auf einen Kamm hoch, von dem wir in die nächste Bucht und auf die Insel Nísi Grándes schauen können. Wir bleiben ein Stück auf dem von zackigen Felsen besetzten Kamm und erreichen einen **Weidezaun** mit Gatter (1.20 Std.). Der Weg wird zunehmend undeutlich, wir gehen nun mehr oder weniger auf Sicht von einer Stange zur nächsten. Auf der landeinwärts gerichteten Seite geht es bald ein Stück unterhalb der von meterhohen Felsen gesäumten Kammlinie entlang, bis sich der Weg steil in das Tal rechts von uns absenkt.

Im **Talgrund** treffen wir wieder auf eine Metallstange. Blaue Pfeile weisen erneut den Weg zu einer nur 100 m entfernten weiteren stillen Kieselbucht (1.45 Std.). Beim Aufstieg auf der anderen Seite des Trockenbetts können wir den etwa 30 m langen Strand einsehen. Auf einer felsigen Kuppe folgen wir nicht dem felsigen Grat inseleinwärts, sondern halten nach der nächsten Stange Ausschau, zu der wir durch eine kleine Senke gelangen. Wir halten uns

Ortsansicht von Palékastro. Im Hintergrund befindet sich der Tafelberg.

weiterhin Richtung Süden und steigen über eine markante Felsformation und 50 m dahinter durch eine Bresche zwischen Felsen zu einer weiteren Stange auf. Hier gehen wir halb links – rote Punkte leiten uns zu einer etwa 60 m entfernten Reihe von anderthalb bis zwei Meter hohen **Felsnasen.** Von dort schauen wir auf das breite Tal von Maridati hinab, das akkurat mit Ölbäumen bestellt ist. Über das Tal hinweg fällt der Blick auf den Tafelberg Kástri und die Dörfer Palékastro und Agathía.

Unten im Tal sehen wir eine unbefestigte Strandzufahrt, dahin gilt es abzusteigen. Am Talrand liegen mehrere Gebäude. Das größte davon ist eine Taverne, davor befindet sich ein mit Wellblech gedeckter Flachbau, von dem ein Feldweg auf die Strandzufahrt führt. Der Abstieg ist steil und geröllig und führt teils über brüchige Felsplatten. Nach knapp 10 Min. vorsichtiger Kraxelei ist der Flachbau im **Maridati-Tal** erreicht (2.15 Std.). Ein Gatter lässt uns durch den Zaun. Wir gehen an dem Wochenendhaus vorbei, falls es belegt sein sollte, respektieren wir die Privatsphäre. Der Feldweg mündet neben dem Eingang der Taverne auf die Strandzufahrt. Sofern uns nicht der Sinn nach einem weiteren Badestopp steht, folgen wir der Schotterpiste nach rechts. Nun heißt es ein letztes Mal aufgepasst: Genau 5 Min. nach Passieren der Taverne weist ggf. ein Steinmännchen links auf einen anfangs **verwachsenen Pfad,** der steil die Böschung hochläuft und dem wir folgen. Auf dem Bergrücken, der das Maridati-Tal nach Süden abschließt, treffen wir auf einen Zaun. Neben dem Strommasten befindet sich ein Durchschlupf, unter dem ein schwarzer Wasserschlauch hindurchführt.

Nachdem wir den Bergrücken mit Blick auf den Koureménos Beach überschritten haben, schwenkt der Pfad nach rechts zur Feriensiedlung **Kástri Villas.** Ein zweites Mal müssen wir uns unter einem Zaun durchzwängen. Unterhalb des ersten Hauses stößt der Pfad auf eine Schotterpiste: Auf ihr gelangen wir zur Landstraße von Vaï nach Palékastro hinab. Dieser links folgend erreichen wir nach zweieinhalb Kilometern den Dorfplatz von **Palékastro.**

Südseeflair am Mittelmeer

Von Palékastro auf dem Höhenweg zum Palmenstrand von Vaï
Nördlich von Palékastro läuft ein aussichtsreicher Höhenweg zum berühmtesten Strand Ostkretas. Um ihn zu finden, benötigt man allerdings ein gewisses Orientierungsvermögen.

DIE WANDERUNG IN KÜRZE

++ Anspruch

3.30 Std. Gehzeit

10 km Länge

Charakter: Der nur teilweise markierte Wanderweg setzt gutes Orientierungsvermögen voraus. Die ersten 2 km sind geteert, danach geht es auf Pfaden und unbefestigten Fahrwegen weiter, das letzte Stück führt weglos durch offenes Gelände. Ein kurzer, extrem steiler Aufstieg verlangt Trittsicherheit und Schwindelfreiheit.

Einkehrmöglichkeiten: In Vaï gibt es mehrere Snackbars und eine Strandtaverne direkt unter Palmen.

Anfahrt: Mit dem Pkw von Sitía nach Palékastro. Im Dorf parken. **Mit dem Bus:** Der Ausgangsort wird von Sitía aus regelmäßig angefahren. Auch vom Zielort Vaï verkehren mehrmals täglich Linienbusse nach Palékastro bzw. Sitía.

Vom **Dorfplatz** (Busstopp) in **Palékastro** gehen wir die Hauptstraße 100 m abwärts und biegen dann in Richtung »Agathía/Chióna Beach« ab. Das Sträßchen führt durch die mit Ölbäumen kultivierte Küstenebene zum Strand von **Chióna** (30 Min.). Kurz vor dem Meer wenden wir uns an der Gabelung 200 m vor einer Fischtaverne nach links. Nach 20 m kreuzen wir einen Querweg und folgen dem Feldweg geradeaus zum Tafelberg Kástri. Am Fuß des Kástri halten wir uns auf dem Feldweg links. Dieser umgeht den Berg und bringt uns an dessen schroff abfallender Nordseite zum weit geschwungenen Strand von **Koureménos.**

Nun geht es direkt am mit Kieseln durchsetzten Sandstrand entlang. Landeinwärts säumen einige zerzauste Tamarisken die Bucht, und natürlich gibt es hier auch ein paar Tavernen und kleinere Ferienanlagen. Am Nordrand der Bucht treffen wir auf die geteerte Hafenzufahrt, wir folgen ihr rechts. Im **Hafenbecken** dümpeln ein paar bunte Fischkutter im Wasser (1.10 Std.). Hinter der Mole nimmt uns ein Feldweg auf, der bereits nach 100 m endet. Ein undeutlicher Pfad läuft di-

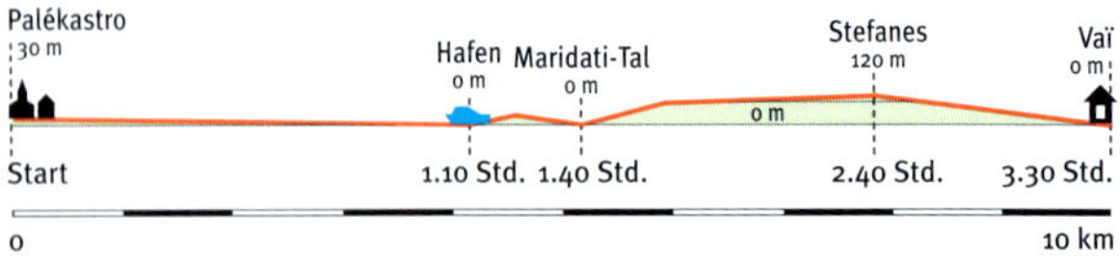

rekt die Steilküste hoch. Über den Hafen hinweg ergibt sich nach Süden ein reizvoller Ausblick auf den Kástri und den dahinter aufragenden Petsófas, rechts davon liegt das auf einer Anhöhe platzierte Dorf Agathía, über dem sich die markante Kuppe des Simódi erhebt.

Wir bleiben dicht am Rand der Steilküste, ggf. leiten uns Steinmännchen durch die Phrygana. Bald schauen wir auf den Kieselstrand in die **Bucht von Maridati** hinab. Wir steigen jedoch zunächst nicht in diese ab, sondern gehen Höhe haltend leicht nach links, wo wir eine Markierungsstange (roter Punkt auf gelbem Viereck) ausmachen können. An der Stange angekommen bleiben wir auf dem inseleinwärts laufenden Bergrücken. Rechts unter uns liegt das akkurat mit Ölbäumen bestellte Tal von Maridati, links genießen wir die Ansicht auf den kleinen Fischerhafen, vor uns liegen die Ferienhäuser von Kástri Village und in einiger Entfernung dahinter die modernen Rotoren eines Windparks.

Auf dem Bergrücken begleitet uns ein Weidezaun. Unter einer Strom-

Der Palmenstrand von Vai

trasse erreichen wir eine weitere Markierungsstange; hier läuft durch ein Schlupfloch im Zaun ein schwarzer Wasserschlauch. Wir kriechen nicht unter dem Zaun hindurch, sondern steigen nun rechts auf einem Pfad in das **Olivental** von Maridati ab. Der im unteren Teil verwachsene Pfad mündet nach wenigen Minuten auf eine Schotterpiste (1.40 Std.). Wir folgen ihr nach links und passieren 5 Min. später ein Haus mit blau gestrichenen Türen und Fenstern. 30 m dahinter senkt sich die Piste in ein Trockenbett ab. 150 m hinter dem Haus, kurz bevor die Piste das Bachbett wieder verlässt, geht rechts ein Weg ab. Wir folgen ihm am Fuß eines felsigen **Bergrückens** entlang, der uns die letzten Minuten begleitet hat und das Olivental nach Norden abschließt.

Diesen Rücken gilt es nun zu überwinden. An seinem Fuß läuft ein Zaun entlang, nach 25 m passieren wir ein Gatter. Nach weiteren 200 m, wir sind wieder in Höhe des schon erwähnten Häuschens mit den blauen Fenstern, stehen wir vor einem zweiten Gatter. Hinter dem Gatter kraxeln wir weglos den gerölligen Steilhang hoch. Der Anstieg ist kurz, aber anstrengend. Auf dem **Kamm** angekommen gönnen wir uns eine Verschnaufpause und genießen dabei das Panorama auf Palékastro und die Buchten um den Tafelberg.

In nördlicher Richtung geht es weiter durch offenes Gelände. Dabei umlaufen wir in einem leichten Rechtsbogen einen kleinen Taleinschnitt, hinter dem gut einsehbar eine **breite Piste** auszumachen ist. Die Piste beginnt an einem Viehpferch, wir wandern auf ihr Höhe haltend nun bequem und aussichtsreich weiter nach Norden. Zur Linken schauen wir auf ein von Ölbäumen bestandenes weites Tal hinab, zur Rechten genießen wir bald die Aussicht auf die Bucht Órmos Grándes, die im Norden von der Halbinsel Kiriamádi eingefasst wird.

Der Weg hält auf die trigonometrische Gipfelsäule des Stefanes zu, der sich nur wenige Höhenmeter über unserem Niveau erhebt. Kurz vor dem Berg lässt uns ein Gatter durch einen Weidezaun. Die Piste läuft in einiger Entfernung rechts am **Stefanes** vorbei und senkt sich nun leicht ab (2.40 Std.).

Knapp 10 Min. nach der Gipfelsäule schwenkt der Weg scharf nach links auf den Windpark im Westen zu, links von den Windrädern sieht man den Kegelberg Módi. In der Kehre verlassen wir die Piste nach rechts, eventuell ist die Stelle mit einem Steinmännchen markiert. Der undeutliche Trampelpfad läuft nach Osten in einen kleinen Geländeein-

schnitt hinab, quert diesen und führt auf einen Rücken hinauf. Bald geht es mehr oder weniger weglos durch offenes Gelände. Es braucht etwas an Gespür, um die spärlich gesetzten Steinmännchen und blauen kleine Punkte zu orten. Wir halten immer die eingeschlagene Richtung nach Osten bei und steuern auf eine auffällige Felsformation über dem Meer zu. Eine Reihe meterhoher Felsspitzen übernimmt kurzzeitig die Rolle der Steinmännchen, wir laufen nun auf einem Kamm zwischen zwei kleinen Tälern entlang.

Kurz vor dem markanten Felsaufbau wird der Blick auf den **Palmenwald** von Vaï frei. Der nun deutliche Pfad läuft an der linken Flanke der Felsen in einen Talgrund hinab. Vor dem großen Parkplatz lässt uns ein letztes Gatter durch einen Weidezaun. Wir überqueren den Parkplatz und erreichen durch einen dichten Palmengürtel den **Strand von Vaï** (3.30 Std.).

Der Palmenwald von Vaï

Erreicht man den Strand von Vaï, so muss man sich erst einmal vergegenwärtigen, dass es sich hierbei nicht um eine Südseekulisse handelt: Die sichelförmige Badebucht, aufgefüllt mit feinstem Sand, ist eingerahmt von einem dichten Palmenwald. Lange rätselten die Botaniker, wie das für den Breitengrad einzigartige Wäldchen in der nordöstlichsten Ecke Kretas Fuß fassen konnte. Ins Reich der Legende gehört die Geschichte über den Sarazenen Abu Hafs Omar, der bei der arabischen Eroberung der Insel im 9. Jh. ein paar Dattelkerne ausgespuckt haben soll. Die Kreta-Dattelpalme gibt es auf der Insel mindestens seit der Zeit der Minoer, die sie bereits auf ihren Keramikgefäßen abbildeten. Erstmals erwähnt wurde sie von dem Aristoteles-Schüler Theophrast, nach dem sie ihren botanischen Namen erhalten hat (Phoenix theophrastii).

Antikes Gipfelheiligtum

Von Palékastro auf den Petsófas

Palékastro ist der beste Ausgangspunkt für Wanderungen im äußersten Osten von Kreta. Praktisch vor der Haustür liegt der Petsófas, der trotz der bescheidenen Höhe von 256 m einen hervorragenden Überblick über die Region erlaubt.

DIE WANDERUNG IN KÜRZE

+ Anspruch

2.15 Std. Gehzeit

8 km Länge

Charakter: Kurze Bergbesteigung auf gut ausgeprägtem, doch mitunter recht steilem Pfad. Zuvor geht es auf Feldwegen durch einen Olivenhain; die wichtigsten Verzweigungen sind mit Pfeilen markiert.

Einkehrmöglichkeiten: Empfehlenswert ist die Taverne vom Hotel Hellas direkt am Dorfplatz in Palékastro.

Anfahrt: Mit **Pkw** oder **Bus** ab Sitía nach Palékastro.

Vom Dorfplatz (Bushaltestelle) in Palékastro nimmt man die Hauptstraße 100 m abwärts und biegt dann in Richtung »Agathía/Chióna Beach« ab. Vor dem Ortseingang von Agathía hält man sich links und erreicht nach weiteren 500 m am Schild »Archeological Site Roussolákos« den Ausgangspunkt der Wanderung (zu Fuß ab Dorfmitte Palékastro ca. 10 Minuten). Dort auch Parkmöglichkeiten am Straßenrand.

Etwa 500 m hinter Agathía zweigt von der Straße ein mit »Roussolákos« ausgeschilderter **Feldweg** ab. Dieser führt durch einen weitläufigen Olivenhain. An der ersten Gabelung nach 7 Min. folgen wir rechts dem gelben Pfeil und stoßen 100 m weiter auf ein T-Kreuz. Vor uns sehen wir einen deutlichen Pfad die Nordflanke des Petsófas hochschlängeln. Doch ein Schild weist uns rechts zum »Peak Sanctuary« (links geht es nach Roussalákos). Wir schlagen also zunächst einen Haken und gelangen 2 Min. darauf an ein Wegkreuz: Hier gehen wir links. Der Feldweg hält nun genau auf den Berg zu. Wir passieren ein Haus mit einem Torbogen. 30 m dahinter verzweigt sich

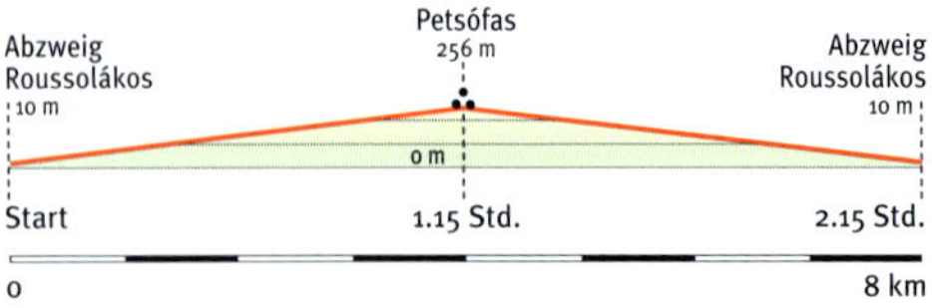

der Weg erneut, abermals weist ein Pfeil nach links.

Wir bleiben auf dem Hauptweg, bis an einer Gabelung nach 5 Min. ein weiteres Schild rechts wieder zum »Peak Sanctuary« zeigt. Es geht nun bereits leicht bergauf. 3 Min. später weist erneut ein Pfeil nach links und der Feldweg endet kurz darauf vor einem **Gatter** (25 Min.). Hinter dem Gatter läuft unser Pfad zunächst an einer eingezäunten Olivenplantage entlang. Die Ölbäume bleiben bald unter uns zurück und der gut ausgetretene Pfad steigt nun steiler werdend die Nordflanke des Petsófas hinauf.

Je mehr wir an Höhe gewinnen, desto reizvoller werden die Ausblicke auf die Küstenebene, wobei sich im Norden über der Bucht von Chióna der markante Tafelberg Kástri erhebt. Im Meer liegt die Felseninsel Nísi Grándes, dahinter macht sich Nísi Elása lang. Nach Westen schauen wir über Palékastro hinweg auf einen Windpark, im Osten zeigt sich die sanft abfallende Spitze der Halbinsel Pláka.

Auf gut 200 m Höhe schwenkt der Steig scharf nach rechts. 10 Min. darauf erreichen wir einen Steinmann. Von hier geht es weglos zur nun einsehbaren Gipfelsäule des **Petsófas** hinauf (1.15 Std.). Die Schau wird nach Norden durch Ausblicke auf die Halbinsel Kiriamádi und im Süden auf die Küstenberge von Káto Zákros komplettiert.

Von dem minoischen **Gipfelheiligtum** direkt unterhalb der trigonometrischen Messsäule hat der Zahn der Zeit allerdings nicht viel übrig gelassen. Noch erkennbar sind die spärlichen Grundmauern eines rechteckigen Raums. Ausgrabungen förderten außerordentlich schöne Votivgaben zu Tage. Überall liegen noch Tonscherben herum, doch aus welcher Epoche sie stammen, vermag nur der Fachmann zu sagen.

Wir steigen auf demselben Weg wieder zum Ausgangspunkt bei **Agathía** ab (2.15 Std.).

Tour 32

Querfeldein durch Felsenheide

Von Chióna Beach über die Halbinsel Pláka

Die Halbinsel Pláka ist ein relativ überschaubares Anhängsel an der Ostküste und von daher auch gut weglos zu erwandern. Über von Phrygana überwuchertes Niemandsland hinweg wird zu einer einsamen Badebucht abgestiegen.

DIE WANDERUNG IN KÜRZE

++ Anspruch

3.30 Std. Gehzeit

11 km Länge

Charakter: Die Wanderung beginnt auf einem breiten Küstenweg, von dem ein verfallener Dorfverbindungsweg auf die Hochebene von Pláka führt. Von dort steigt man auf einer längeren weglosen Passage zu einer Badebucht ab. Für die Orientierung im offenen Gelände ist es wichtig, dass die umliegenden Berge nicht in Wolken gehüllt sind. Der Rückweg erfolgt auf bequem begehbaren Feldwegen.

Einkehrmöglichkeiten: Strandtaverne Chióna am Ausgangs- bzw. Endpunkt der Wanderung

Anfahrt: Mit dem Pkw: Von Sitía über die gut ausgebaute Straße bis Palékastro. Dort folgt man 100 m hinter dem Dorfplatz der Ausschilderung zum 2 km entfernten Chióna Beach. Dort Parkmöglichkeiten. **Mit dem Bus:** Palékastro liegt an der Buslinie Sitía–Káto Zákros. Vom Busstopp in der Ortsmitte von Palékastro benötigt man bis zum Ausgangspunkt Chióna Beach zusätzlich 30 Min. Gehzeit.

Vom Parkplatz an der Strandtaverne in **Chióna Beach** folgen wir der Teerstraße zum Meer. Diese geht sogleich in einen holprigen Schotterweg über. Kurz darauf erreichen wir den Abzweig zu den archäologischen Ausgrabungen der minoischen Stadt Roussolákos, die am Ende der Rundtour besichtigt werden kann. Wir wandern auf dem unbefestigten Küstenweg am Fuß des Petsófas ostwärts auf die Halbinsel Pláka und erreichen nach knapp einem Kilometer ab der Taverne ein Gatter. 2 Min. nach Passieren des Gatters zweigt rechts ein Weg in ei-

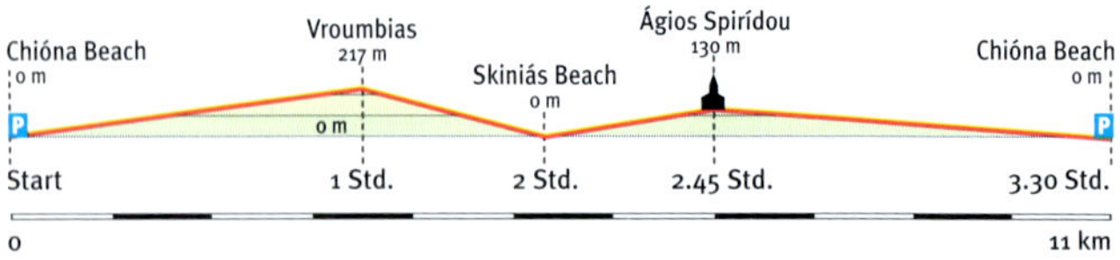

ne Schlucht ab. Wir bleiben weitere 7 Min. auf dem Hauptweg, bis abermals rechts ein Weg abgeht, eventuell ist die Stelle mit einem Steinmännchen markiert (15 Min.). Der Weg läuft in ein kleines Kerbtal hinein, 50 m taleinwärts kommen wir an einer verfallenen runden Hirtenhütte vorbei. Wir folgen dem wenig ausgeprägten alten Weg durch den Talgrund, um dann im Talschluss in Kehren die Nordflanke der Halbinsel Pláka hochzusteigen.

Nach zehnminütigem Aufstieg gelangen wir zu einem anderthalb Meter hohen **Felsklotz.** Von hier lohnt die Rückschau auf die Inseln Nísi Grándes und Nísi Elása, hinter denen die Halbinsel Kiriamádi die weite Bucht Órmos Grándes abschließt. Rechts von uns öffnet sich eine Schlucht, auf deren anderer Seite sich die massige Gestalt des Petsófas auftürmt.

Der Aufstieg verflacht sich allmählich, bis wir schließlich die Hochebene von Pláka erreichen. Die Ebene querend hält der Weg leicht links auf den flachen Bergrücken des Vroumbiás zu, auf dem eine trigonometrische Gipfelsäule auszumachen ist. Vor zerfallenen Trockenmauern wird der Weg undeutlich. Wir können ihm noch 100 m nach Südosten folgen, rechts davon liegen die Ruinen von **Iero Korifis.** Nun geht es weglos durch Stechginster und Igelpolsterheide zum Vroumbiás. Wir queren zunächst eine kleine Senke. Die Gipfelsäule verschwindet danach zwar aus dem Blickfeld, doch sofern wir immer die eingeschlagene Richtung beibehalten, ist der kurze Aufstieg auf den Berg problemlos (1 Std.).

Vom **Vroumbiás** bietet sich eine herrliche Aussicht auf die Karoúmbes-Bucht im Süden der Halbinsel Pláka. Wir orientieren uns nun neu. Weit im Westen schauen wir auf die Rotoren eines Windparks, der von zwei markanten Kegelbergen eingefasst wird, links vom Simódi, rechts vom Módi. In diese Richtung wandern wir leicht abwärts weiter weglos durch offenes Gelände. Knapp 10 Min. nach Verlassen des Vroum-

An der ausgefransten Nordküste der Halbinsel Pláka

biás stehen wir auf einem nur unwesentlich niedrigeren felsigen Nebengipfel. Von diesem steuern wir eine etwa einen halben Kilometer entfernte **Kuppe** vor einem Schluchteinschnitt an, hinter dem genau der Simódi steht. Die Kuppe ist ebenfalls von Felsen besetzt. Dort angekommen verschaffen wir uns einen Überblick über den weiteren Routenverlauf. Meerwärts sehen wir unter uns drei von Landzungen eingefasste kleine Kieselbuchten. Die mittlere davon ist der Skiniás-Strand, von dem ein Feldweg sich den Hang hochzieht. Wir halten zunächst auf die östlich von Skiniás gelegene Bucht zu. Um das steilste Stück des Abstiegs zu umgehen, wenden wir uns von der Kuppe nach links.

Nach gut 20 Min. ist die erste Kieselbucht erreicht. Etwas inseleinwärts lässt sich die Böschung leicht erklimmen, wir können auch direkt an der Wasserlinie über die Felsen klettern. Am **Skiniás Beach** (2 Std.) lädt ein schmaler Sandstrand mit glasklarem Wasser zu einem ausgiebigen Badestopp ein.

Von Skiniás nehmen wir nun den landeinwärts ansteigenden **Feldweg,** der bald auf dem Rücken zwischen zwei Schluchten auf einen felsigen Tafelberg zuläuft. Blaue Markierungen weisen auf eine Abkürzung hin, doch bequemer geht es sich auf dem Feldweg. Am Fuß des von einem Felsgürtel umschlossenen Tafelbergs schwenkt der Weg nach links und umläuft den Berg. Zur Linken blicken wir in eine tief eingerissene Schlucht hinab. Auf einem Sattel erreichen wir einen Ziegenpferch. Es geht durch ein Gatter und nun Höhe haltend an einem wie einen steilen Zahn aufragenden Felsberg vorbei. Vor uns schauen wir auf eine oberhalb von einer Senke stehende Kapelle, unter der eine Hand voll Hausruinen liegt. Wir folgen der Schotterpiste an einem Maschendrahtzaun entlang bis zu einem Gatter, hinter dem uns rechts ein Feldweg zur Kapelle **Ágios Spirídou** bringt (2.45 Std.).

Hinter der Kapelle nehmen wir nicht den halb links weiterführenden Schotterweg, sondern gehen geradeaus auf dem blau markierten Trampelpfad weiter. Dieser trifft nach 200 m an einer betonierten Furt auf einen Feldweg, wir gehen auf ihm ebenfalls geradeaus. Hinter einem Weidezaun mit Gatter senkt sich der Weg langsam ab. Vor uns taucht der Tafelberg Kástri auf, ne-

ben dem Chióna Beach, der Ausgangspunkt unserer Wanderung, liegt. Wir erreichen ein weiteres Gatter und danach ein Wasserreservoir mit angebauten Stallungen.

Vor dem Dorf **Agathía** beginnt ein weitläufiger Olivenhain. An der Gabelung 2 Min. nach einem Gehöft mit einer Miniaturkapelle vor dem Eingang gehen wir links (rechts weist ein Pfeil zum Petsófas). Wir passieren ein Haus mit einem kitschigen Schwan auf einem Torbogen und wenden uns an der Verzweigung danach rechts in Richtung Roussolákos (wer auf direktem Weg nach Palékastro zurück will, geht hier links nach Agathía hinein und erreicht von dort auf der Straße in einer Viertelstunde den Busstopp in Palékastro).

Wir bleiben nun immer auf dem Hauptweg, ein Schild neben einem Gatter kündigt bald die Ausgrabungen von **Roussolákos** an. Jüngste Forschungen gehen davon aus, dass das Ruinenfeld einstmals der fünfte große minoische Palast Kretas war. Zu beiden Seiten der zentralen Hauptachse der Stadt gruppierten sich neun Wohnviertel mit Tempelanlagen und Bädern, die an ein Abwassersystem angeschlossen waren. Neben der Siedlung befand sich ein bedeutender Hafen, der für die Minoer das Tor zum Orient darstellte – Handelsschiffe verkehrten von hier bis nach Nordafrika und Kleinasien.

Am Infopunkt vor dem überdachten Ausgrabungsgelände verlassen wir die antike Stätte durch ein Gatter und stoßen nach 100 m wieder auf den Küstenweg am **Chióna Beach** (3.30 Std.).

Stille Buchten und Schluchten

Von Agáthia durch den Chochlakiés-Canyon

Die abwechslungsreiche Wanderung vereint alles, was eine Top-Tour ausmacht: alpin anmutende Küstenberge, aussichtsreiche Panoramen, verschwiegene Badeplätze und zum guten Schluss eine abenteuerliche Schluchtbegehung.

DIE WANDERUNG IN KÜRZE

++ Anspruch

4.30 Std. Gehzeit

12 km Länge

Charakter: Die Wanderung beginnt auf einem schmalen Teersträßchen und steigt auf Feldwegen zu einer Passhöhe an. Nach dem Abstieg zum Meer geht es auf einem Küstenpfad zum Schluchteingang, von dort mehr oder weniger weglos durch das felsige Bachbett. Schönste Zeit ist Mitte Mai bis Mitte Juni, wenn in der Schlucht der Oleander in voller Blüte steht.

Einkehrmöglichkeiten: Kleines Kafeníon in Chochlakiés

Anfahrt: Mit dem Pkw: Von Sitía über die gut ausgebaute Straße bis Palékastro. Im Dorf parken. **Mit dem Bus:** Palékastro liegt an der Buslinie Sitía – Káto Zákros. Vom Zielort Chochlakiés verkehrt zweimal täglich ein Bus nach Palékastro bzw. Sitía. Fahrzeiten sind im Touristenbüro in Palékastro zu erfragen.

Vom Dorfplatz (Bushaltestelle) in **Palékastro** folgen wir der Hauptstraße leicht bergab und biegen nach 100 m halb links nach **Agáthia** ab. Die Straße läuft durch die Küstenebene direkt auf den Weiler zu, der weithin sichtbar auf einer Anhöhe thront. Im Ort lassen wir die Kirche links liegen und folgen dem Sträßchen durch schmale Gassen zur Taverne Anatolí (15 Min.). 20 m hinter dem Restaurant gehen wir nicht rechts hoch, sondern in einem Linksbogen leicht bergab. Das Sträßchen führt aus dem Dorf hinaus und wird nach den letzten Häusern zu einem Schotterweg, der durch einen Olivenhain zunächst genau auf den Petsófas zuhält.

An einer Verzweigung lassen wir einen rechts abgehenden Weg unbeachtet und wenden uns 10 m darauf nach rechts. Wir kommen an einem Haus mit einem runden Torbogen

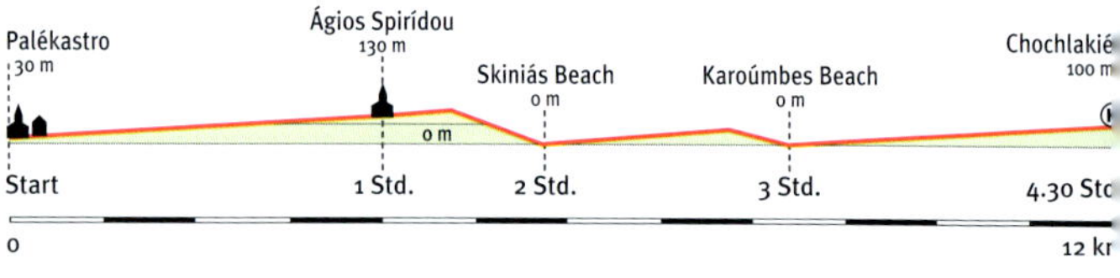

vorbei. Kurz darauf gabelt sich an einem Holzschild mit zwei abgebildeten Wanderern der Weg erneut. Links weist ein Schild zum Petsófas, wir gehen wiederum rechts.

Der Feldweg hält zunächst ebenfalls auf den Petsófas zu, schwenkt aber hinter einem Schafpferch schon bald nach Süden. Rechts passieren wir ein Wasserreservoir, dem kleine Stallungen angefügt sind. 100 m weiter versperrt ein Zaun mit Schild »Durchfahrt verboten« für Fahrzeuge den Weiterweg. Unmittelbar hinter dem Gatter weisen blaue Markierungen rechts steil am Zaun hinauf. Auf dem Trampelpfad kann eine Kehre abgekürzt werden, bequemer läuft es sich jedoch auf dem Feldweg. Dieser bringt uns zu einer Einsattelung. Vom Sattel öffnet sich der Blick auf ein kleines Hochtal, in dessen Talschluss eine weiße Kapelle steht, hinter der sich der auffällige Kegelberg Simódi erhebt. Ein Zaun wird durch eine Pforte hinter uns gelassen, kurz darauf knickt der Feldweg nach rechts ab. Wir gehen jedoch geradeaus auf einem Trampelpfad zur Kapelle **Ágios Spirídou** (1 Std.).

Von der Kapelle nehmen wir den leicht bergab laufenden Feldweg. Unterhalb des Weges liegen Überreste einer ehemaligen Siedlung mit kleinen Terrassen drum herum. Blaue Markierungen führen in die Talmulde hinab, wir folgen dem Feldweg jedoch weiter, bis dieser nach 250 m vor einem Maschendrahtzaun auf einen rotbraunen Querweg mündet. Hinter dem Gatter wandern wir auf diesem links auf einen markanten **Kalkfelsen** mit eingelassenen Höhlen zu, der sich über der Mulde erhebt. Am Wegrand stehende Windflüchter mit nach Süden gebeugter Krone zeigen an, dass hier mitunter ein stürmischer Nordwind blasen kann.

Auf der **Passhöhe** hinter dem Kalkfelsen ist der höchste Punkt der Route erreicht (1.20 Std.). Vor uns schauen wir auf den tiefblauen Golf von Karoúmbes hinab. Bevor es bergab geht durchlaufen wir einen Ziegenpferch mit Viehtränken. Wir wandern dann auf einem breiten Rücken zwischen zwei Schluchten meerwärts, wobei der Weg zunächst eng am Rand des Canyons rechts von uns entlangläuft. In einer Linkskehre weisen blaue Markierungen auf eine Abkürzung hin, doch wiederum läuft es sich auf dem holprigen Feldweg bequemer als durch die dornige Igelpolsterheide. Am Meer angekommen lädt die einsame Kieselbucht von **Skiniás Beach** zu einem Badestopp ein (2 Std.).

An dem Fundament einer Hausruine über dem Strand beginnt ein herrlicher Küstenweg. Der blau markierte Saumpfad läuft zunächst ein paar Meter oberhalb der Wasserlinie entlang und steigt allmählich die steil abfallenden Flanken der Küstenberge hinauf. Hätten wir nicht gerade einen Stopp am Meer eingelegt, würde sich links vom Weg ein überhängender Felsen mit einer Trockenmauer davor als Rastplatz anbieten. Der Pfad schneidet einen felsigen Landvorsprung ab und senkt sich wieder zum Meer zu einer von einer felsigen Böschung eingerahmten Minibucht ab.

Wieder ein Stück oberhalb der Küste erreichen wir ein Steinhaus, von dem sich ein wunderschönes Panorama auf die Karoúmbes-Bucht und den Ausgang der Chochlakiés-Schlucht eröffnet. Von der Steinhütte lässt sich auf einem Pfad direkt zur Schlucht wandern, doch es lohnt auch, den **Karoúmbes Beach** (3 Std.) etwas näher in Augenschein zu nehmen. An der weiten Schluchtmündung macht sich eine grüne Oase mit Tamarisken, Oleander und dichten Horsten der Stechenden Binse breit. Zwischen Trockenmauern stehen verwilderte Ölbäume. Die Grünzone wird zum Meer hin von einem sichelförmigen Kieselstrand abgeschlossen. Nahe am Wasser lässt es sich an einem Picknicktisch unter zwei Tamarisken rasten, daneben befindet sich eine Feuerstelle.

Wir verlassen den Strand wahlweise im steinigen Bachbett oder auf einem der Ziegenpfade daneben und wandern nun in die **Schlucht** hinein. Zunächst geht es direkt im Schluchtbett entlang, wobei meist von einem Stein zum anderen gesprungen wird. Gelegentlich wollen Felsen umlaufen oder überklettert werden. Die Schlucht krümmt sich leicht nach links und bald türmt sich eine scheinbar unüberwindbare Wand vor uns aus. Doch als ob man die Sesam-öffne-dich-Formel auf den Lippen gehabt hätte, geben die Kalkwände einen Durchschlupf frei. Im zeitigen Frühjahr tummeln sich in den ausgewaschenen Gumpen vor den Felsen Kaulquappen. Im Oberlauf der Schlucht führt der Bach bis ins späte Frühjahr hinein noch reichlich Wasser.

Sobald sich die Schlucht weitet, geht es sich am besten auf der orografisch linken Uferseite. Bald riegelt ein Zaun mit einem Gatter den Schluchtausgang ab. Links vom Bachbett befindet sich eine **Infotafel** (4 Std.). Wir suchen nach einer geeigneten Stelle, um auf die andere Bachseite zu wechseln. Dort gibt ebenfalls ein Gatter den Weg durch den Zaun frei. Dahinter beginnt ein zunächst wenig ausgeprägter Feldweg. Wir folgen ihm durch einen Olivenhain. An einer Verzweigung nach 2 Min. gehen wir links leicht aufwärts und stoßen nach 200 m auf einen Querweg, dem wir rechts folgen. Kurz darauf schauen wir auf die **Friedhofskirche von Chochlakiés.** Sie steht ein Stück außerhalb vom Ort, unser Weg wird daran vorbeiführen. An einer T-Gabelung zeigen zwei gelbe Pfeile in die Richtung, aus der wir kommen. Hier gehen wir nicht geradeaus auf die Kirche zu, sondern rechts leicht abwärts. Über eine betonierte Furt wird erneut das Bachbett gequert. Der Feldweg schlängelt sich weiter durch den Olivenhain und bringt uns schließlich zur Kirche. Vor dieser beginnt ein Betonweg, der ins Dorf führt. Kurz bevor wir auf die Landstraße von Zákros nach Palékastro treffen, kommen wir an einem Kafeníon vorbei. Sollte noch genug Zeit vor der Abfahrt des Busses sein, besteht hier die Gelegenheit auf ein Tässchen »Greek Coffee« oder eine kühle Erfrischung. Das **Buswartehäuschen** befindet sich direkt links an der Wegeinmündung auf die Landstraße (4.30 Std.).

Auf dem Weg zum Skiniás Beach ist die Kuppe des Simódi ein markanter Fixpunkt.

Tour 34

Geisterdorf in Bergeinsamkeit

Von Zákros auf altem Maultierweg nach Ágios Geórgios

Ein Pflasterweg stellte früher die einzige Verbindung mit den heute oft verlassenen Dörfern im Hochland westlich von Zákros her. Diese Tour führt durch die karge Karstlandschaft Ostkretas.

DIE WANDERUNG IN KÜRZE

+ Anspruch

3.30 Std. Gehzeit

7 km Länge

Charakter: Schattenloser und kräftiger Aufstieg auf gut erhaltenem Pflasterweg. E 4-Markierungen machen die Orientierung einfach.

Einkehrmöglichkeiten: Tavernen und Kaffeehäuser in Zákros

Anfahrt: Mit dem Pkw: Von Sitía über Palékastro bis Zákros. In der Nähe der Kirche parken. **Mit dem Bus:** Von Palékastro aus wochentags zwei Mal täglich, So nur ein Mal. Der Bus hält am Hauptplatz in Zákros.

Vom Hauptplatz in **Zákros** folgen wir der Ausschilderung in Richtung »Minoan Palace« der Dorfstraße zum 100 m entfernten Café Neromílos. Hier beginnt ein breiter betonierter Treppenweg, der nach ein paar Schritten als enges Gässchen ins Oberdorf führt und sich an einem Brunnen verzweigt: Wir wenden uns nach links. Wir stoßen auf ein Teersträßchen, in das wir ebenfalls links einbiegen, um es nach 20 m gleich wieder rechts in den weiter führenden Betonweg zu verlassen.

Auf Höhe einer riesigen Zisterne (Rohre auf dem Dach) gelangen wir an die hinter Bäumen versteckte Himmelfahrtskapelle **Aféndis Christós**. 50 m vor der Kirche biegen wir scharf links in einen hochführenden Weg ein. Vor einem Gatter teilt sich der Weg: Wir nehmen den Feldweg halb rechts. Daneben steht ein Haus mit verrußter Wand. Es ist die lokale Käserei, in der auf althergebrachte Weise Schafskäse produziert wird.

Der Feldweg zieht in zwei Kehren zu einem **Wasserreservoir** hinauf. Vor

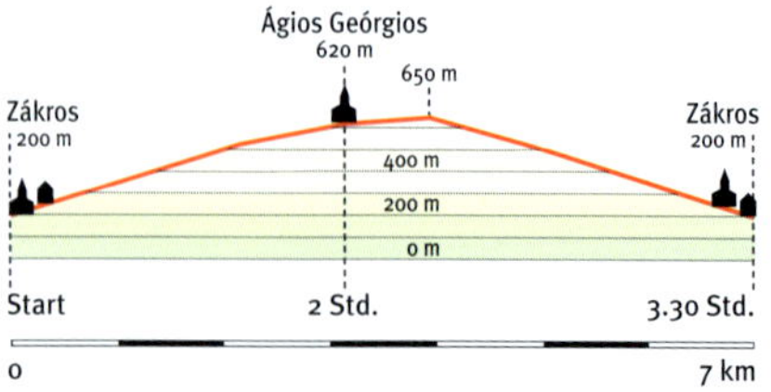

der Betonwand steht etwas unromantisch eine Sitzbank, von der sich jedoch ein hübsches Panorama über die Dächer von Zákros ergibt, auch der Schluchtverlauf vom Tal der Toten (vgl. Tour 35) lässt sich ausmachen.

Neben dem Wasserreservoir erkennen wir nun den alten **Maultierpfad**, der eigentlich schon bei der Käserei weiter unten seinen Anfang nahm. Der teils noch gepflasterte Weg steigt durch Igelpolsterheide in Schleifen einen verkarsteten Geländeeinschnitt hinauf. Links über dem Pfad erheben sich die alpin anmutenden Felswände des Vigla Zakrou.

Wir erreichen eine kleines Plateau, von dem es etwas weniger steil durch ein Hochtal auf die weite Hochebene von **Mavros Kambos** geht (1.15 Std.). Die »schwarze Ebene« wird von einem Ring verkarsteter Berge umschlossen. Früher kultivierte man hier Wein, heute weiden auf dem bis auf ein paar Zypressen baumlosen Plateau Schaf- und Ziegenherden. Wir betreten die Ebene durch ein Gatter, durchlaufen sie auf einem Feldweg der Länge nach und verlassen sie wieder durch ein Gatter.

Knapp 100 m hinter dem zweiten Gatter setzt sich halb links der Mulipfad (E 4-Zeichen) fort. Der Pfad läuft durch einen kleinen Taleinschnitt, hinter dem sich eine weitere Ebene anschließt. Bald steigen wir wieder durch eine karge Felslandschaft mit dazwischen gestreuten Phrygana-Kissen zu einer Anhöhe hinauf, auf der die Kapelle **Ágios Geórgios** auftaucht (2 Std.). Das dem Drachentöter Georg geweihte Kirchlein hält das Andenken an 40 Partisanen wach, die an diesem Ort im 18. Jh. von den türkischen Besatzern getötet wurden. Neben der Kapelle sprudelt eine gefasste Quelle aus dem Berg.

Etwa 15 m vor der Kapelle führt ein Pfad scharf links zu dem Ruinendorf **Skália** hinauf. Zwischen einzelnen Steineichen dokumentieren ein Dutzend verfallene Häuser die in Ostkreta weit verbreitete Landflucht. Der letzte Schäfer verließ die Siedlung in den 1980er Jahren.

Nach einer Rast im Schatten einer Eiche direkt an der Kirche machen wir nun einen Schlenker nach Norden. Wir folgen dazu dem an der Kapelle beginnenden Schotterweg, der mehr oder weniger Höhe haltend auf der Bergkette entlangläuft, welche die unten liegende Hochebene Mavros Kambos nach Westen abschließt. Nach einigen Minuten mündet eine von links kommende Piste in unseren Weg ein. An der Gabelung dahinter gehen wir rechts auf den **Felskranz** vor uns zu (2.15 Std.). Der Weg senkt sich am Fuß der Felsen allmählich wieder abwärts, wobei wir eine wunderbare Aussicht auf die Ebene Mavros Kambos und das Meer genießen.

Kurz vor dem Gatter von Mavros Kambos treffen wir auf den vom Hinweg bekannten Weg, der uns wieder hinab nach **Zákros** bringt (3.30 Std.).

Tour 35

Im Tal der Toten

Von Zákros nach Káto Zákros

Die letzte Etappe des Europäischen Fernwanderwegs führt durch den imposantesten Canyon von Ostkreta. Zugleich sind die von Höhlen zerrissenen Schluchtwände die berühmteste minoische Nekropole der Insel.

DIE WANDERUNG IN KÜRZE

++ Anspruch

4 Std. Gehzeit

12 km Länge

Charakter: Relativ einfache Schluchtwanderung auf meist gut ausgetretenem Pfad; der Rückweg läuft über eine bequeme Erdstraße. Ein schattiger Auenwald macht die Schluchtbegehung auch im Sommer möglich, für den Rückweg sollte man dann allerdings die späten Nachmittagsstunden wählen.

Einkehrmöglichkeiten: Einladende Tavernen am Strand von Káto Zákros; schön sitzt es sich unter der überdachten Terrasse von Akrogiali

Anfahrt: Mit dem Pkw: Von Sitía über Palékastro bis Zákros. In der Nähe der Kirche parken. **Mit dem Bus:** Von Palékastro aus wochentags zwei Mal täglich, So nur ein Mal. Der Bus hält am Dorfplatz.

Am Dorfplatz in **Zákros** biegen wir an der Taverne Maestro in das Sträßchen zur Kirche ein. Vor der Kirche gehen wir rechts einen betonierten Weg bergab. Dieser führt durch einen **Aquädukt,** über den ein Wasserkanal läuft. 150 m darauf erreichen wir ein quer verlaufendes Teersträßchen, dem wir rechts weiter leicht abwärts durch das Unterdorf folgen. Die Straße wird von kleinen Häusern mit Vorgärten gesäumt, in denen Rosen blühen und Granatäpfel und Mispeln reifen. Als sei dies nicht schon der Pracht genug, haben zahlreiche Einwohner Kübelpflanzen vor den Haustüren aufgereiht. Auf kleinen Parzellen gedeihen Kartoffeln, Zwiebeln und Wein, alles in allem eine liebliche Kulturlandschaft, die ihre Fruchtbarkeit einer oberhalb des Ortes entspringenden ergiebigen Quelle verdankt.

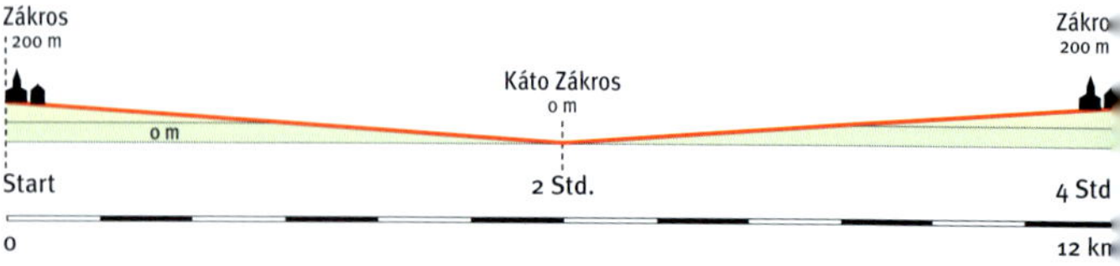

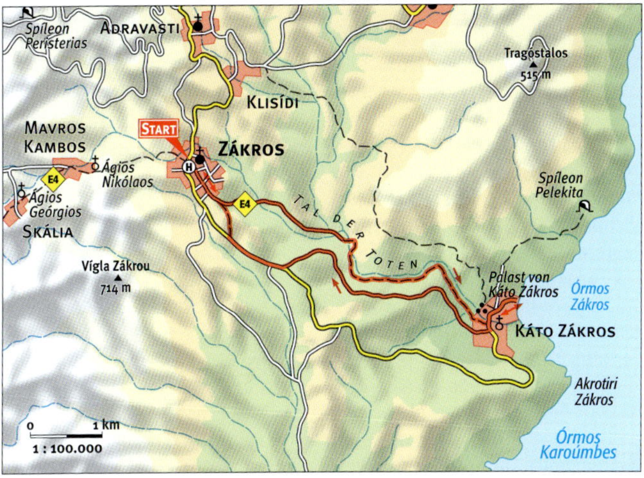

Hinter den letzten Häusern wird das Sträßchen zum Erdweg. Dieser steigt kurz an und läuft oberhalb eines Bachlaufs entlang, der von dichtem Auenwald bestanden ist. Schon bald lässt sich der Schluchtverlauf vor uns erahnen. An einer Gabelung weisen Schilder in Richtung Bachbett; diesen folgen wir. 4 Min. darauf passieren wir links einen zu einem Gehöft führenden Weg. An einer erneuten Verzweigung folgen wir der Pfeilrichtung links abwärts und gehen nach wenigen Metern links zum **Bachbett** hinunter (30 Min.). Das rauschende Flüsschen führt ganzjährig Wasser, entsprechend üppig gibt sich die Vegetation. Mitunter ist das Blätterdach der Bäume so niedrig über dem Pfad, dass wir die Köpfe einziehen müssen.

Durch den grünen Vorhang ist von der Schlucht selbst zunächst noch nicht allzu viel zu sehen. Im Bachbett verteilen sich riesige Felsblöcke, rote Markierungen helfen diese zu umgehen. Der Pfad wechselt auf die linke Schluchtseite. Einige Minuten darauf gibt der üppige Bewuchs den Blick erstmals auf die steil aufragenden Schluchtwände frei, die in warmen Erdfarben von Siennarot bis Ocker im Sonnenlicht leuchten. Ein **Seitenarm** vereint sich mit der Hauptschlucht (45 Min.). Hier halten wir uns rechts und queren auf zwei Rohren balancierend bald wieder das Bachbett.

Der Steig läuft ein Stück oberhalb eines Wasserkanals entlang. Unter einer mächtigen Platane erreichen wir einen gemauerten **Brunnen.** 15 m weiter helfen uns über den Bach gelegte Rohre wieder auf die linke Seite, auch der Kanal wechselt die Seite. Am Wegrand duftet es nach Oregano und Salbei.

Unter einer Platane direkt am Bachbett gelangen wir zu einem weiteren Brunnen, neben dem sich eine Sitzbank befindet. Geradeaus weist ein Pfeil und ein Schild nach Káto Zákros, rechts über das Bachbett könnte man auf einem gut ausgebauten Steig zum Schluchtrand zur alten Landstraße aufsteigen.

Wir bleiben jedoch auf der linken Seite und folgen weiter dem mit prächtigen Oleanderbeständen bewachsenen Bachbett, die im Frühsommer eine schier maßlose Blütenpracht entfalten. Ein dritter Brunnen, ebenfalls mit einer Sitzbank ausgestattet, wird passiert. Das steinige Bett wird breiter, die von **Höhlen** durchlöcherten Schluchtwände treten etwas zurück. Archäologische Untersuchungen bestätigen, dass die Höhlengräber vor etwa 4000–5000 Jahren angelegt worden sind. Wie mögen die Minoer wohl ihre Toten in die Höhlen der senkrecht aufstrebenden Wände transportiert haben? Die meisten der Grabhöhlen wurden erst in den 1960er Jahren systematisch erforscht, und erst seither ist auch für den Canyon der Name »Tal der Toten« gebräuchlich.

Wir kommen durch ein Gatter. An den Hang gebaute Ferienvillen künden vom nahenden Schluchtausgang. Der Pfad wechselt auf die rechte Seite und führt durch ausgedehnte Schilfbestände. Ein unbefestigter Fahrweg kreuzt das Schluchtbett (rechts werden wir zurück nach Zákros wandern). Wir folgen links dem Schild zu den archäologischen Ausgrabungen. Vorbei an Zitronenbäumchen, Bananenstauden und kleinen Weingärten erreichen wir nach wenigen Minuten den Eingang zum minoischen **Palast von Káto Zákros.** Die Besichtigung ist ein Muss! Das freigelegte Ruinenfeld ist stummer Zeuge einer großen Geschichte inmitten einer grandiosen Landschaft.

Entspannung verspricht die nur 5 Min. von der antiken Stätte entfernte **Strandpromenade** von Káto Zákros (2 Std.), an der etliche Tavernen frischen Fisch und typisch kretische Küche offerieren. Der Kieselstrand eignet sich auch für einen Badestopp.

Für den **Rückweg** nach Zákros bietet sich die unbefestigte alte Erdstraße an. Seit es die neue Teerstraße gibt, wird die »Old road« kaum noch befahren. Wir gehen an der Palastanlage vorbei wieder zum Schluchtausgang. Die alte Straße quert das Bachbett und windet sich in Schleifen am linken Schluchtrand hoch. Bald ergibt sich ein eindrucksvoller Blick auf das immergrüne Schwemmlanddelta, das von steilen Küstenbergen vor den ungestümen Nordwinden geschützt ist. Und auch die minoische Palastanlage lässt sich aus erhöhter Perspektive hervorragend überschauen.

Nach zwanzigminütigem Aufstieg berührt die Straße erstmals den Schluchtrand und erlaubt von oben einen imposanten Einblick in den Canyon. Noch spektakulärer zeigt sich die Schlucht von einer **Aussichtsplattform** mit Sitzbank ein Stück weiter aufwärts (2.45 Std.). Noch ein drittes Mal wird der Schluchtrand berührt, kurz danach mündet die Erdstraße an einem Parkplatz in die neue Straße. Wir folgen der Straße gut 600 m, bis diese eine leichte Linkskurve macht. Vor dem Schild »Alex rooms« verlassen wir sie rechts in einen breiten Schotterweg. Immer auf dem Hauptweg bleibend durchwandern wir einen Olivenhain und treffen nach knapp 10 Min. wieder auf den vom Hinweg bekannten Weg, der uns zurück nach **Zákros** bringt (4 Std.).

Der Palast von Káto Zákros

Wie souverän die Minoer mit ihren Schiffen die Gestade des östlichen Mittelmeeres beherrschten, zeigt sich nicht zuletzt in der Standortwahl der Palastanlage von Káto Zákros (geöffnet tgl. 8.30–15 Uhr, letzter Einlass 14.30 Uhr). Sie bauten sie direkt ans Meer, ohne jegliche Befestigungen. Im 2. Jahrtausend v. Chr. errichtet ist Káto Zákros zwar der jüngste und kleinste der fünf minoischen Paläste, dafür wurde er nie geplündert. Als archäologische Sensation gilt ein frei gelegter Metallschmelzofen. Bedeutendster Fund ist ein im Museum von Iráklio ausgestelltes wundervolles Bernstein-Rhyton; Restaurateure haben das elliptisch geformte Kultgefäß wieder aus rund 300 Einzelstücken zusammengefügt.

Im Tal der Toten von Káto Zákros

Ortsregister

Ortsregister

Ortsregister

Stichwortverzeichnis

Abbildungsnachweis

Alle Fotos stammen vom Autor Rolf Goetz, Berlin.
Einzige Ausnahme: S. 14, Rainer Hackenberg, Köln

Impressum

Titelbild: Windmühlen bei Ágios Geórgios

Über den Autor: Rolf Goetz studierte an der Freien Universität Berlin Publizistik und Psychologie und ist seit 1992 freiberuflicher Reisejournalist. Seine Lieblingsziele sind Inseln in Mittelmeer und Atlantik, über die er etliche Reisebücher und Wanderführer verfasste. Kreta ist ihm durch Studien- und Wanderreisen bereits seit vielen Jahren vertraut.

Graphisches Konzept: Groschwitz, Hamburg
Druck: Rasch, Bramsche
Buchbinderische Verarbeitung: Bramscher Buchbinder Betriebe

ISBN 3-7701-5980-2